Bärbel Veit · Reinhard Veit
Religion im dritten Schuljahr

Bärbel Veit · Reinhard Veit

Religion im dritten Schuljahr

Zehn Unterrichtsentwürfe
mit 32 Kopiervorlagen
und 8 Dias

Benziger · Kaufmann

Für unsere Eltern

2. Auflage 1980

Alle Rechte vorbehalten

© Copyright 1977 by Benziger Verlag Zürich–Köln
und Verlag Ernst Kaufmann Lahr

Hergestellt im Graphischen Betrieb Benziger Einsiedeln
Umschlaggestaltung: Atelier P. Miedinger, Zürich

ISBN 3 545 26134 4 Benziger
ISBN 3 7806 0323 3 Kaufmann

Inhalt

Einleitung	7
1 Gott schickt Abraham in ein fernes Land	11
A Übersichtsplan	11
B Theologisch-didaktische Überlegungen	12
C Unterrichtsverlauf	16
D Medien	22
2 Der Auszug des Volkes Israel aus Ägypten	27
A Übersichtsplan	27
B Theologisch-didaktische Überlegungen	28
C Unterrichtsverlauf	33
D Medien	39
3 Die Weihnachtsbotschaft	41
A Übersichtsplan	41
B Theologisch-didaktische Überlegungen	42
C Unterrichtsverlauf	46
D Medien	52
4 Jesu Reden und Handeln	53
A Übersichtsplan	53
B Theologisch-didaktische Überlegungen	54
C Unterrichtsverlauf	60
D Medien	68
5 Die Osterbotschaft	71
A Übersichtsplan	71
B Theologisch-didaktische Überlegungen	72
C Unterrichtsverlauf	77
D Medien	86
6 Vorurteile machen Menschen unglücklich	89
A Übersichtsplan	89
B Theologisch-didaktische Überlegungen	90
C Unterrichtsverlauf	93
D Medien	100

7	Es gibt viele arme Menschen auf der Welt	105
	A Übersichtsplan	105
	B Theologisch-didaktische Überlegungen	106
	C Unterrichtsverlauf	110
	D Medien	117
8	Der Glaube der Moslems	121
	A Übersichtsplan	121
	B Theologisch-didaktische Überlegungen	122
	C Unterrichtsverlauf	125
	D Medien	130
9	Viele Menschen beten	131
	A Übersichtsplan	131
	B Theologisch-didaktische Überlegungen	132
	C Unterrichtsverlauf	136
	D Medien	142
10	Große Männer Israels – Gideon, Saul, Amos	143
	A Übersichtsplan	143
	B Theologisch-didaktische Überlegungen	144
	C Unterrichtsverlauf	147
	D Medien	152

Bücher und Materialien für Schüler
und Lehrer im dritten Schuljahr 153

Hinweise zu den acht beigelegten Farbdias 158

32 Kopiervorlagen für Arbeitsblätter
perforiert, einzeln herauszutrennen 160ff.

8 Dias

Einleitung

Das Buch "Religion im ersten Schuljahr" fand unter den Praktikern verschiedener Institutionen, die mit Kindern des ersten Schuljahres oder unmitttelbar vor der Einschulung arbeiten, Anklang und ermutigte zur Weiterarbeit im angefangenen Sinne. So wurde die formale Anlage beibehalten. Einige Erweiterungen waren notwendig und sind als Bereicherung gedacht. Dazu gehören die auf 32 erhöhte Anzahl der Kopiervorlagen für Arbeitsblätter und die 8 Dias am Ende des Buches. Die auf dem Markt befindlichen Arbeitsmaterialien, Schulbücher und Lehrpläne differenzieren ihr Angebot selten für einzelne Schuljahre. In der Regel richten sie sich an Doppelschuljahre, also 1./2. und 3./4. Schuljahr für die Primarstufe. Dabei wird der Anspruch im Schwierigkeitsgrad zumeist beim nächst höheren Schuljahr angesetzt. Wer in der praktischen Schularbeit steht, weiß, daß ein drittes Schuljahr auf diese Weise überfordert wird. Die Folge ist, daß man das Material entweder nicht gebrauchen kann oder es intensiv umarbeiten und auf die jeweilige Altersstufe zuschneiden muß. Dies macht viel, oft zu viel Mühe und erzeugt beim Lehrer Unmut.
Lehrpläne ohne differenzierte Angebote für einzelne Schuljahre überlassen es dem Lehrer, beliebig Aufteilungen von Inhalten vorzunehmen. Eine sinnvolle Differenzierung im Lehrplan wäre eine große Hilfe für den Lehrer und eine gute Vorlage für die Konzeption des Faches in der ganzen Primarstufenzeit. Es kann nur in den Schulen konzeptionell wirklich sinnvoll und sachgemäß mit Lehrplänen für Doppelschuljahre gearbeitet werden, wenn in den Fachkonferenzen die Stoffpläne aller vier Schuljahre von den Fachlehrern abgestimmt und die so festgelegten Bereiche auch wirklich unterrichtet werden. Andernfalls weiß der nachfolgende Lehrer nicht, welche Inhalte vermittelt wurden. Doppelungen sind die Folge. Bei den Schülern stellen sich oftmals Ermüdung und Langeweile ein, die dann nicht immer sachgemäß eingeschätzt werden können.
Jedes Schuljahr sollte in seiner Altersstufe ernst genommen werden. Dazu gehört ein differenziertes Themenangebot für jede Klasse und Altersstufe. Dem wollten die Verfasser auch hier Rechnung tragen. Zu Beginn des dritten Schuljahres sollten die Anforderungen gegenüber dem zweiten Schuljahr nur langsam gesteigert werden. Die zehn Unterrichtsentwürfe mit ihren je sechs Stunden wollen den Lehrer im Schulalltag erreichen. Er unterrichtet in der Regel in verschiedenen Fächern und hat seinen Schwerpunkt nicht unbedingt im Fach Religion. Es ist notwendig, ihm die Vorbereitung so einfach wie möglich zu machen. Die Entwürfe erscheinen manchem vielleicht zu rezeptartig. Rezepte im Sinne von ärztlichen Verordnungen wollen unkomplizierte, schnelle und wirksame Hilfe leisten. Die Vorgaben wollen nicht reglementieren und festlegen. Wer sich zu sehr gegängelt fühlt, macht sich ohnehin eigene Gedanken und braucht vielleicht nur hie und da einen kleinen Anstoß, eine Idee, von der aus er Eigenes entwickelt. Eine Ideenvorlage läßt sich

leicht verarbeiten und weiterspinnen. Permanente Kreativität ist ohnehin nicht möglich.

Die sechs Stunden jeder Einheit sind in Skizzenform geschrieben und lassen sich leicht lesen. Jedem Entwurf ist ein kurzer Übersichtsplan vorangestellt, der über die Themen, ihre Inhalte und Verknüpfungen mit anderen thematischen Zusammenhängen informieren soll. Als erste, schnelle Information ist er eine gute Hilfe.

Die zehn Themen des Buches können in der Reihenfolge grundsätzlich beliebig variiert werden. Dennoch bieten sich sinnvolle Gründe für die Festlegung einiger Inhaltsbereiche an. Zu Beginn des Schuljahres können die Themen "Gott schickt Abraham in ein fernes Land" und "Der Auszug des Volkes Israel aus Ägypten" stehen. Sie bilden einen Ausschnitt aus der Geschichte Israels, der sachlich zusammengehört, und stellen sich bereits in der biblischen Vorlage vornehmlich als Erzählungen dar, die kindlicher Auffassungsgabe entgegenkommen. Drittes Thema ist "Die Weihnachtsbotschaft". Es bietet sich von der Schuljahreszeit her an. Weitere Einzelheiten über Jesus von Nazaret werden anschließend in "Jesu Reden und Handeln" vermittelt. Den Abschluß der biblischen Reihe bildet dann vorerst "Die Osterbotschaft". Die im Schwierigkeitsgrad etwas anspruchsvolleren Themen – sie enthalten zum Teil verdichtete theologische Aussagen, die größere Abstraktionsfähigkeiten der Schüler voraussetzen – fallen in die zweite Hälfte des Schuljahres. Das zehnte Thema ist ein Versuch. Daß er im dritten Schuljahr gelingt, ist zu hoffen. In der Erprobungsphase jedenfalls wurden die Verfasser in ihrer positiven Erwartung bestärkt.

Die Auswahl der Themen insgesamt erfolgte nach drei Gesichtspunkten: Es sollten Fragestellungen aufgenommen sein, die das Kirchenjahr immer aufs Neue bewußt macht. Dazu gehören die beiden Entwürfe "Die Weihnachtsbotschaft" und "Die Osterbotschaft". Sie werden verbunden durch "Jesu Reden und Handeln". Ferner werden Fragen berührt, die im Alltag ständig relevant sind und zu ihrer Bewältigung ein lebenslanges Einsichts- und Verhaltenstraining erfordern. Zu denken ist hier an "Vorurteile machen unglücklich", "Es gibt viele arme Menschen auf der Welt" und mittlerweile auch die Auseinandersetzungen mit anderen Religionen "Der Glaube der Moslems". Im dritten Bereich fügen sich Inhalte ein, die für biblische Zusammenhänge insgesamt von Wichtigkeit sind oder die von Zeit zu Zeit existentielle Bedeutung erhalten können: "Gott schickt Abraham in ein fernes Land", "Der Auszug Israels aus Ägypten", "Große Männer Israels" und "Menschen beten".

Auch in diesem Buch werden wieder Kopiervorlagen für Arbeitsblätter angeboten. Da im Gegensatz zum ersten Schuljahr Lesen und Schreiben eingeplant werden konnten, ergab sich eine erhöhte Zahl der Kopiervorlagen. Sie können auf beliebige Weise vervielfältigt werden. Die Vorlagen sind perforiert und heraustrennbar (siehe S. 160ff.). Sie können in einem Schnellhefter abgelegt und immer wieder benutzt werden.

Besonders dankbar sind die Verfasser, daß die Verlage das Angebot von Diaduplikaten ermöglicht haben. Aus Kostengründen konnten sie nicht gerahmt mit-

geliefert werden. Das Rahmen ist jedoch so einfach, daß es jedem Interessierten gelingt (siehe S. 158 f.).
Der Einsatz von Dias spielt in diesem Buch eine wichtige Rolle. Zu unterscheiden sind drei verschiedene Arten von Bildern: dokumentierende, illustrierende und meditative, interpretationsfähige mit einem hohen Grad von prinzipieller Offenheit. Landschafts- und Sachbilder wollen primär Informationen vermitteln über die Beschaffenheit von Landschaften oder Sachvorgängen bzw. Sachverhalten. Die Bilder von Kees de Kort sind primär Illustrationen biblischer Erzählungen. Sie beinhalten zwar auch interpretationsfähige Details, aber nicht in ihrem eigentlichen Anspruch. Höchste Anforderungen an die Schüler stellen die Meditationsbilder von Zacharias, Manessier und Felger. Die Erfahrungen in den Erprobungsphasen sind jedoch so positiv, daß dem Lehrer nur geraten werden kann, ihren Einsatz zu versuchen. Bei einigen Bildern wurden ausführlichere Interpretationshilfen im "Inhalt" der Stundenverlaufsvorschläge gegeben. (Näheres zur Arbeit mit derartigen Bildern finden Sie in dem Aufsatz: Reinhard Veit, Das Symbol als didaktisches Medium, in: Zeitschrift für Religionspädagogik, 4, 1976, S. 221–226).
Bei den angegebenen Materialien wurde Wert darauf gelegt, daß sie dem Lehrer leicht zugänglich sind. Darunter mag manchmal die Variabilität leiden. Dennoch mußte so verfahren werden. Die benutzten Vorlesebücher sind so weit verbreitet, daß sie ohne viel Mühe erreichbar erscheinen. Ansonsten gehörten sie ohnehin in jede Lehrerbücherei. Wenn die Beschaffung von Vorlesetexten über die einschlägigen Vorlesebücher hinaus zu schwierig erschien, dann erfolgte der Abdruck.
Die Entwürfe wurden von einem Verfasser selbst im Unterricht erprobt. Die Erprobung fand darüber hinaus die Unterstützung von 25 Kolleginnen und Kollegen im dritten Schuljahr, denen hier gedankt wird. Ihre Verbesserungsvorschläge wurden berücksichtigt.
Besonderer Dank gilt Frau Dr. Ursula Früchtel, deren kritische Begleitung vor allem in theologischen Fragen wesentlich zum Gelingen des Buches beitrug. Didaktische Arbeit lebt von ständigen Auseinandersetzungen. Für die Mitteilung über Erfahrungen der Arbeit mit den Entwürfen sind die Autoren dankbar.

Villigst, im April 1977

Bärbel Veit
Reinhard Veit

1 Gott schickt Abraham in ein fernes Land

A Übersichtsplan

Thema	Inhalt in Stichworten	Verknüpfung zu anderen Themen
1.1 Abraham lebte in Haran	Lebensbedingungen von Nomaden Geschichten "Abraham" und "Gott will Frieden" Malen eines Ausschnittes der Abrahamerzählung	2.5 Das Volk Israel zweifelt an Gott 10.1 Die israelitischen Nomadenstämme werden seßhaft
1.2 Abraham soll in ein anderes Land ziehen	Geschichte "Abraham zieht aus" Reaktion der Menschen um Abraham auf den Auszug ▶ Erarbeitung eines Rollenspieltextes zum Auszug Abrahams Rollenspiel	
1.3 Abraham und seine Leute machen sich auf den Weg	Bedeutung des Zeigefingers Interpretation des Bildes "Ruf Gottes" Interpretation des Bildes "Auszug"	2.3 Das Volk Israel verläßt Ägypten
1.4 Abraham erreicht das versprochene Land	Bild "Auszug" Geschichte "Abrahams Wanderung" Interpretation des Bildes "Anbetung" Dankgebet Abrahams	2.4 Gott bewahrt das Volk Israel vor den Ägyptern 9.2 Die Menschen beten zu Gott
1.5 Abraham stiftet Frieden	Hörspiel "Trennung von Lot" Gründe für Abrahams Verhalten als Friedensstifter	
1.6 Abraham und Sara bekommen einen Sohn	Bild: Abraham schaut zum Sternenhimmel Lehrererzählung von der Verheißung des Sohnes und seiner Geburt Lückentext zur Abrahamgeschichte	

B Theologisch-didaktische Überlegungen

Herbert Werner gab seinem 1965 erschienenen und für die Religionspädagogik wichtigen Buch "Abraham" den Untertitel "Der Erstling und Repräsentant Israels". Werner formuliert damit die Bedeutung Abrahams nicht nur für das Volk Israel, sondern für alle, die sich in der Ahnenfolge Israels sehen. Wer die Geschichte dieses Volkes kennenlernen will, muß Näheres über die Beziehung Israels zu seinen Vätern wissen. Auf sie führt es seinen Geschichtsweg zurück. Er beginnt bei Abraham und führt über die Generationen Isaak und Jakob weiter. Wenn Abraham "Erstling und Repräsentant" Israels ist, dann läßt sich der Anfang der Geschichte Israels in ihm sehen, dann spiegelt sich aber auch in seinem Leben, seinen Verhaltensweisen und vor allem in seiner Beziehung zu Gott, zum Gott Abrahams, das Leben des Volkes. Das Leben Abrahams ist nach den biblischen Zeugnissen vom Gehen eines Weges gezeichnet, dessen Endpunkt er nicht kennt, der ihm aber von Gott verheißen ist. Verheißung eines Landes, eines Volkes, Auftrag, Segen für andere zu sein, das sind Versprechungen und Forderungen zugleich.
Israel sah sich stets in dieser Spannung von Verheißung und Erfüllung sowie Forderung und Anforderung. Daraus resultieren die "Sternstunden" des Volkes und die Tiefpunkte in erfahrener Gottesferne. Die Klagen der Psalmisten und Propheten zeugen hinreichend davon. Der große Spannungsbogen israelitischer Geschichte von Verheißung Gottes und ihrer Erfüllungen ist ein Auf und Ab, wie ein bewegtes Wellenmeer. Israel war immer dann in größter Gefahr, die Beziehungen zu seinem Gott zu brechen oder zu verzerren, wenn es in wirtschaftlicher, politischer Blüte stand oder wenn die geglaubten Verheißungen nicht einzutreten schienen. Das Abwenden von Gott und Hinwenden zu anderen Göttern, die die Umgebung bot, waren die Folge. Tiefe Not und Verzweiflung waren die Anfänge neuer Hinwendung und Besinnung auf die Führung Gottes. Gerade in solchen Phasen der Ernüchterung und Besinnung dachte Israel an die Führung Gottes, die die Väter erfahren hatten und von denen viel erzählt wurde.
Im schulischen Religionsunterricht ist die Geschichte Jesu und der christlichen Gemeinde letztlich nur darstellbar, wenn sie in Kontinuität zur Geschichte des Volkes Israel steht. Das ist von den neutestamentlichen Quellen her gar nicht anders möglich. Die Schreiber des Neuen Testamentes haben selbst immer wieder Bezug auf alttestamentliche Texte genommen, oder aber es werden von den handelnden Personen innerhalb der vorgefundenen Erzählungen Bezüge hergestellt. Man denke nur an die lukanische Darstellung der Weihnachtsgeschichte, in der einige Rückverweise und Verklammerungen zwischen Altem und Neuem Testament zu erkennen sind (z.B. zu Micha 5, Jesaja 9; 11). Wenn also zum schulischen Religionsunterricht die Geschichte Israels zwingend dazugehört, dann sollte etwa vom dritten Schuljahr an damit begonnen werden, sie explizit zu

thematisieren. Sicher kommen Teilaspekte in alttestamentlichen Einheiten bereits in den beiden ersten Schuljahren vor. Mit der zunehmenden Möglichkeit der Schüler aber, abstrakt, komplex und geschichtlich zu denken, müssen die Fragen der Geschichte Israels systematisch sinnvoll angegangen werden. Will man nicht im Alten Testament hin- und herspringen, will man vielmehr Chronologien und Bezugssysteme darstellen, dann scheint es sich besonders anzubieten, mit der Geschichte Abrahams zu beginnen.

Die Geschichte des Menschen Abraham, seine menschlichen Probleme, Bedingungen, Beziehungen, sein Eingebundensein in ein Gott—Mensch-Verhältnis wird in Erzählstrukturen dargeboten. Immer da, wo Kindern von Menschen erzählt wird, wo sie eine Bezugsperson sehen, deren Geschichte oder Geschichtsausschnitte nachvollziehbar, im Hören und Auseinandersetzen mitvollziehbar sind, werden sie in ihrer Aufnahmefähigkeit ernstgenommen. Personen ermöglichen Identifikationen, sind zumindest vordergründig konkret und passen in die Vorstellungswelt der 7- bis 9jährigen eines dritten Schuljahres.

Beim Voranstellen der Abraham-Erzählung vor die Geschichte vom Auszug Israels aus Ägypten wird in relativer Einlinigkeit eine gute Basis gelegt für das Verstehen der zum Teil komplizierten Verhältnisse um das Volk Israel. Zudem ist die Geschichte Abrahams – wie bereits betont – die Geschichte Israels.

Es lassen sich in den Erzählungen um Abraham ganz elementare menschliche Probleme darstellen. Lehrer und Schüler rühren aber auch an elementare theologische Fragestellungen israelitischer Menschen und Menschen seitdem bis heute, die sich um das Verhältnis Gottes und des Menschen Gedanken machten.

Bei der konkreten inhaltlichen Gestaltung der Einheit spielt sicher die Perikope *Genesis 12,1–3,* die Berufung Abrahams, eine entscheidende Rolle. In ihr liegen die großen Themen israelitischer Frömmigkeit thesenartig eingebunden. Die Berufung Abrahams aus seinen gesicherten Lebensverhältnissen in eine ungewisse Zukunft, die nur durch die Zusage Gottes zu einer geglaubten sicheren Zukunft wird, bedeutet für die Kinder eine starke Barriere des Verstehens. Dem Dennochgehen wird besondere Aufmerksamkeit gewidmet. Hier gibt es wohl, weil das menschlich ist, Wenn und Aber; es setzt sich aber das Vertrauen in die von Gott gewährte Zukunft durch. Für Gerhard von Rad erschließt sich von Gen 12,1–3 her das rechte Verständnis der Urgeschichte Gen 1–11. "Es ist also irreführend, wenn man gemeinhin in Kap. 11 den Abschluß der Urgeschichte sieht; denn dann bekommt die Urgeschichte eine viel zu selbständige und isolierte Bedeutung. Ihr Abschluß ist vielmehr 12,1–3, ja auch ihr Schlüssel, denn von da aus wird dieser universale Vorbau von der Heilsgeschichte in seiner theologischen Bedeutung erst verständlich."[1] Die mit der Zerstreuung der Völker in der Turmbaugeschichte scheinbar endgültig gescheiterte Schöpfungsordnung erfährt neue Anfänge durch

---

[1] *Gerhard von Rad, Das erste Buch Mose, Kap. 1–12,9 in: Das Alte Testament Deutsch (ATD), Bd. 2, Göttingen* ⁷1964, S. 129.

die Herauslösung eines einzelnen, Abraham, aus den vielen. Fast wie bei der Schöpfung selbst beginnt Gott noch einmal von vorn.
In der Religionspädagogik hat die Stelle 12,1–3 immer eine große didaktische Schwierigkeit gebracht. Die drei Verse sind theologisch und sprachlich so verdichtet, daß es kaum gelang, den Auszug Abrahams über bloße Setzungen hinaus in das Verständnis der Schüler zu bringen. Das Wort von Abraham als dem "Stammvater des Glaubens", der eben glaubte und gehorchte, übertönte oder verbot alles Nach- und Hinterfragen. Menschliche Wenn und Aber wurden sorgsam zurückgewiesen, da sie als Zeichen beginnenden Unglaubens galten.
Es ist das besondere Verdienst des Schülerbuches "Aufbruch zum Frieden 1/2" [2], daß eine "Vorgeschichte" der Berufung Abrahams in einer Erzählung dargestellt wurde, die bekannten Auslegungen nicht zuwiderliegt. Auch das Einführen einer neuen Figur, des Tobias, der nicht in der biblischen Quelle erwähnt wird, ist als Bereicherung zu verstehen. Abraham wird menschlicher. Das Flair des "Großen", ehe er sich bewährt hat, weicht. Übrig bleibt der Mensch Abraham, mit dem sich Kinder arrangieren können. Da die Erzählung aus "Aufbruch zum Frieden" die ersten Sätze einer Gesamtkonzeption für ein ganzes Schulbuchwerk bedeuten, die zudem theologisch – wie oben erwähnt – in die Geschichte Israels einführen, steht sie als roter Faden in der Mitte der Darbietungen zu den Abrahamsgeschichten.
Eine zweite Stütze bietet eine neue Farbholzschnittserie "Abraham" von Andreas Felger, die einmal einfach erzählt, fast vordergründig illustriert, dennoch aber in menschliche Tiefen führt, die das Verhältnis Gottes zu Abraham und umgekehrt wieder neu in Medien spiegeln. An Nahtstellen, die Vertiefungen der Gedanken fordern, sind einige Bilder aus dieser Reihe als Leitmedium zu verstehen.
Bei dieser Einheit geht es vorrangig um das Kennenlernen einiger Grundzüge der Geschichten um Abraham. Im dritten Schuljahr können noch keine detaillierten Sachkenntnisse erwartet werden. Man muß die Erzählungen zunächst ganz elementar vermitteln.
Bei der Einheit geht es vorrangig um das Kennenlernen einiger Grundzüge der Geschichten um Abraham. Im dritten Schuljahr können noch keine detaillierten Sachkenntnisse erwartet werden. Man muß sie zunächst ganz elementar vermitteln. Besondere Beachtung findet hier der Auszug Abrahams und seine Stellung zu Lot, bzw. zu seinen Mitmenschen. Übertragungen in die Lebensbereiche der Schüler sollen nur da vorkommen, wo sie evtl. durch Fragen der Schüler gewünscht werden. Die Gedanken des Vertrauens auf die Hilfe Jahwes in der noch ungewissen Zukunft, das freundliche Verhalten gegenüber Lot sind bereits emotionale Bereiche, in denen Schüler Identifikationen vornehmen, ohne sie direkt auszusprechen. Die Sachgehalte, auch die affektiven Momente des Mannes Abraham und seiner Leute, werden im Rahmen der Darstellung der Geschichte berührt und gelegentlich

---

[2] *Hans Grewel u.a., Aufbruch zum Frieden. Religionsbuch für das erste und zweite Schuljahr, Dortmund 1973.*

betont. Explizite Konkretisierungen im Sinne einer "Anwendung" für die Existenzbereiche der Schüler werden noch nicht geplant. Der Lehrer muß sensibel genug sein, um in der jeweiligen Situation die Notwendigkeit zu erkennen, Vertiefungen aus der Geschichte Abrahams in die Geschichte der Kinder von heute vorzunehmen.

Entwurfsziel

Die Schüler sollen Abraham näher kennenlernen. Er ist Nomade und lebt unter entsprechenden äußeren Bedingungen, Sorgen und Abhängigkeiten. Sie sollen verstehen, daß Gottes Ruf zum Aufbruch in ein unbekanntes Land für Abraham eine schwerwiegende und schwierige Entscheidung bedeutet. Den Schülern wird deutlich, daß Vertrauen auf Gottes zugesagte Gegenwart mehr als verbriefte materielle Sicherheit sein kann. Sie sollen sehen, daß Gott seine Versprechen hält.

C Unterrichtsverlauf

1. Stunde

Thema: Abraham lebte in Haran.

Lernintentionen: a. Die Schüler lernen Näheres über das Leben und die Umwelt Abrahams kennen.
b. Sie erfahren Einzelheiten über die Lebensbedingungen und Hoffnungen von Nomaden.
c. Sie verstehen die Bedeutung von Wasser und Weideland für das Leben der Nomaden.

Inhalt	Methode/ Unterrichtsform	Medien/Materialien*
1. Der Lehrer zeigt ein Bild. Die Schüler beschreiben es. Dabei betonen sie die Fruchtbarkeit des Landes. Darauf weisen der Bach oder Fluß, die Weideflächen und die wohlgenährten Kühe hin.	gelenktes Unterrichtsgespräch	Bild 1 aus "Neue Schulbibel-Diaserie": Landschaft um Haran
2. Der Lehrer zeigt einige Bilder, die einen optischen Eindruck von den schwierigen Lebensbedingungen von Nomadenstämmen vermitteln. ▶ Der Lehrer erzählt die Geschichte vom Nomadenjungen "Dan" von Max Bolliger. (Angst eines Nomadenjungen, der den Anschluß an die weiterziehende Familie verloren hat. Der Vater findet ihn wieder.) Die Schüler tragen einige Punkte zusammen, die das Leben von Nomaden kennzeichnen.[1]	Lehrerdarbietung gelenktes Unterrichtsgespräch	Bilder 2, 3, 7 aus "Neue Schulbibel-Diaserie": Steppe/Nomaden Schafherde, vgl. auch "Neue Schulbibel", Farbtafeln 1–3. "Erzählbuch zur Bibel", S. 118–120
3. Lehrer: Ich lese (erzähle) euch eine Geschichte von einem Mann, den ihr vielleicht schon kennt.	Lehrerdarbietung	M 1: "Abraham" und "Gott will Frieden"[2]
4. Die Schüler äußern sich zu der gehörten Geschichte. In diesem Gesprächsgang werden die verschiedenen Anschauungen von Tara und Tobias herausgestellt. Es wird hervorgehoben, daß Abraham eine fragende, nachdenkliche Position bezieht.	gelenktes Unterrichtsgespräch	

* *Die genauen Angaben zu den in dieser Rubrik abgekürzt aufgeführten Büchern und Medien finden sich im Literaturverzeichnis S. 153.*
[1] *Das Zeichen ▶ weist jeweils auf einen Alternativvorschlag hin.*
[2] *Siehe jeweils im Anschluß an "C Unterrichtsverlauf" unter "D Medien", hier S. 22.*

Inhalt	Methode/ Unterrichtsform	Medien/Materialien
5. Die Schüler malen einen Ausschnitt aus der Geschichte. Einige Möglichkeiten werden in einem kurzen Klärungsgespräch angedeutet.	gelenktes Unterrichtsgespräch Einzelarbeit bildnerisches Gestalten	Religionsheft, Farbstifte

2. Stunde

Thema: Abraham soll in ein anderes Land ziehen.

Lernintentionen:
a. Die Schüler hören von Gottes Auftrag an Abraham, in ein anderes Land zu ziehen.
b. Sie erfahren, welche Sorgen sich Abraham, seine Frau, seine Verwandten, Freunde und Hirten machen.
c. Sie sehen, daß Abraham mehr auf Gottes Ruf hört, als auf die Einwände seiner Leute.

Inhalt	Methode/ Unterrichtsform	Medien/Materialien
1. Die Schüler erzählen zur Anknüpfung noch einmal die in der letzten Stunde gehörte Geschichte. Die darin genannten Personennamen Tara, Tobias, Abraham und Sara schreibt der Lehrer an die Tafel. Die Schüler lesen die Namen vor und nennen nochmals ihre Stellung im Beziehungsgefüge der vier Personen.	Schülererzählung gelenktes Unterrichtsgespräch Tafelanschrift	Tafel, Kreide
2. Lehrer: Ich lese (erzähle) euch jetzt die Geschichte ein Stück weiter vor.	Lehrerdarbietung	M 1: "Abraham zieht aus"
3. Die Schüler äußern sich. Sie erarbeiten in arbeitsteiliger Gruppenarbeit, wie die verschiedenen Personengruppen um Abraham auf das Auszugsvorhaben reagieren (z.B. Sara, Verwandte, Freunde, Hirten). Verschiedene Möglichkeiten werden in einem kurzen Gespräch angedeutet. Ein Schüler schreibt die Gruppenergebnisse auf.	freie Schüleräußerungen übergehend in ein gelenktes Unterrichtsgespräch Gruppenarbeit (je Gruppe vier Schüler)	Religionsheft, Schreibzeug
▶ In Gruppen erarbeiten die Schüler den Text eines kleinen Rollenspiels, in dem das Auszugsvorhaben Abrahams diskutiert wird.	Gruppenarbeit (je Gruppe vier Schüler)	
4. Die Schüler berichten über ihre Ergebnisse. ▶ Die Gruppen spielen ihre Ergebnisse.	Schülerberichte Rollenspiel	

Inhalt	Methode/ Unterrichtsform	Medien/Materialien

3. Stunde

Thema: Abraham und seine Leute machen sich auf den Weg.

Lernintentionen: a. Die Schüler erkennen im Auftrag Gottes einen hohen Anspruch an das Vertrauen Abrahams.
b. In einem Bild erkennen sie den Einschnitt zwischen dem bisherigen und zukünftigen Leben Abrahams.
c. Sie erkennen, daß Abraham Gott mehr gehorcht als den Fragen und Warnungen seiner Leute.

1. Der Lehrer zeigt den Schülern seinen rechten oder linken Zeigefinger. Lehrer: Was kann man damit alles tun? Die Schüler nennen verschiedene Möglichkeiten (aufzeigen, hinweisen, Vogel zeigen...). Lehrer: Stellt euch einmal vor, euer Zeigefinger könnte sprechen. Schreibt auf, was er sagen und zu wem er reden würde.	gelenktes Unterrichtsgespräch Einzelarbeit Schreiben	Religionsheft, Schreibzeug
▶ Der Lehrer zeigt den Schülern ein Tafelbild mit einem Zeigefinger, an dem eine große Sprechblase hängt. Lehrer: Schreibt in die Sprechblase, was der Zeigefinger wohl sagt.	gelenktes Unterrichtsgespräch Arbeit am Tafelbild	Tafelbild: stilisierte Hand mit Zeigefinger und großer Sprechblase
▶ Die Schüler erhalten ein Arbeitsblatt mit einem Zeigefinger und einer großen Sprechblase daran. Lehrer: Schreibt in die Sprechblase, was der Zeigefinger wohl sagt.	Einzelarbeit Schreiben	Arbeitsblatt 1 (siehe jeweils am Schluß dieses Buches, S. 160 ff.) Schreibzeug
2. Der Lehrer zeigt das Bild "Ruf Gottes". Die Schüler äußern sich zunächst frei dazu. Sie sprechen wahrscheinlich vor allem über den Finger, der auf den knieenden Mann Abraham weist. Besondere Beachtung sollten die beiden Bildhälften finden. Links liegt die Stadt, davor kniet Abraham. Über ihm befindet sich der weisende Finger Gottes. Abrahams Augen sind geschlossen (Ungewißheit, Nichtwissen, Ratlosigkeit – Vertrauen, Hingabe an den Ruf Gottes). Rechts liegt die ungewisse Zukunft: Weglosigkeit, Wüste, Ferne...).	Bilderarbeitung freies Unterrichtsgespräch gelenktes Unterrichtsgespräch	Dia Nr. 1 am Schluß dieses Buches (vgl. M 2 sowie S. 158)

Inhalt	Methode/ Unterrichtsform	Medien/Materialien
3. Lehrer: Abraham machte sich auf den Weg. Der Lehrer zeigt das Bild "Auszug". Die Schüler äußern sich frei. In einem vertiefenden Gespräch werden die Personen und das Vieh in ihrer Umgebung betrachtet. Alle drängen sich dicht zusammen; die menschlichen Gesichter sind kaum zu erkennen; ratlos; tastend; die Wanderstäbe "tasten" vor...	Bilderarbeitung freies Unterrichtsgespräch gelenktes Unterrichtsgespräch	Dia Nr. 2 am Schluß dieses Buches (vgl. M 2, sowie S. 158)

4. Stunde

Thema: Abraham erreicht das versprochene Land.

Lernintentionen:
a. Die Schüler erfahren, daß Abraham nach dem Erreichen des Landes Kanaan zuerst Gott für die Bewahrung dankt.
b. Sie erkennen in der Erzählung, daß Gott seine Versprechen hält.
c. Sie nehmen Anteil an dem Dank Abrahams im Formulieren eines Dankgebetes.

Inhalt	Methode/ Unterrichtsform	Medien/Materialien
1. Der Lehrer zeigt das Bild "Auszug" und liest (erzählt) dazu die Geschichte von Abrahams Wanderung.	Lehrerdarbietung	Dia Nr. 2 am Schluß dieses Buches (vgl. M 2) M 1: "Abrahams Wanderung"
2. Die Schüler äußern sich zu der Geschichte unter den Leitfragen: Was denkt, sagt Abraham? Was tut er? Was denken und tun Sara und Abrahams Leute?	gelenktes Unterrichtsgespräch	
3. Lehrer: Der Künstler, den ihr schon kennt, hat auch ein Bild von der Ankunft Abrahams im versprochenen Land gestaltet. Der Lehrer zeigt den Schülern das Bild "Anbetung". Die Schüler äußern sich zunächst frei. In einem Gespräch werden folgende Punkte bedacht: – Abraham und seine Leute haben gerade eine schlimme Zeit überstanden. – Gott hat sein Versprechen erfüllt. – *Zuerst* danken Abraham und seine Leute Gott.	Bilderarbeitung freies Unterrichtsgespräch gelenktes Unterrichtsgespräch	Dia Nr. 3 am Schluß dieses Buches (vgl. M 2 sowie S. 158)

Inhalt	Methode/ Unterrichtsform	Medien/Materialien
4. Lehrer: Wir wollen gemeinsam überlegen, wie Abraham, Sara und Abrahams Leute zu Gott "danke" gesagt haben. Schüler und Lehrer formulieren gemeinsam ein Dankgebet. Der Lehrer schreibt es an die Tafel.	Gebeterarbeitung gelenktes Unterrichtsgespräch Tafelanschrift	Tafel, Kreide
5. Die Schüler übertragen den Text in ihr Heft.	Einzelarbeit Schreiben	Religionsheft, Schreibzeug

5. Stunde

Thema: Abraham stiftet Frieden.

Lernintentionen: a. Die Schüler erkennen, daß die Erzählungen des Tobias bei Abraham Nachwirkungen hinterlassen haben.
b. Sie sehen, daß Abraham Gottes Auftrag folgt und zum Segen für andere wird.
c. Sie formulieren das Vertrauen Abrahams zu Gott.

1. Der Lehrer stellt den Schülern das Hörspiel "Trennung von Lot" vor.	Darbietung Hörspiel	M 3: "Trennung von Lot"
2. Die Schüler äußern sich und nehmen wahrscheinlich Partei für eine der streitenden Gruppen. Die Schüler erarbeiten die Probleme der Streitsituation, Abrahams und Lots Begegnung, Abrahams Streitschlichtung und sein Friedensangebot an Lot. Abraham und Lot trennen sich in Frieden. Abraham vertraut weiterhin Gottes Verheißung. Die verschiedenen Phasen werden im Klassengespräch erarbeitet. Was die Hirten von Abraham und Lot sagen, wird vom Lehrer in die Sprechblasen der Tageslichtschreiberfolie eingetragen. (Die Folie ist identisch mit dem Arbeitsblatt 2/3)	freies Unterrichtsgespräch gelenktes Unterrichtsgespräch	Tageslichtschreiber Folie Faserschreiber (wasserlöslich)

Inhalt	Methode/ Unterrichtsform	Medien/Materialien
3. Die Schüler übertragen den Text in die Sprechblasen ihrer Arbeitsblätter, die identisch mit der Folie sind. Zum Schluß formulieren die Schüler, warum Abraham Frieden stiftet und warum er Lot das bessere Land überläßt. Vorschlag: Abraham vertraut Gott immer noch. Diesen Satz übertragen die Schüler in ihr Heft.	Einzelarbeit Schreiben gelenktes Unterrichtsgespräch	Arbeitsblatt 2/3 Religionsheft, Schreibzeug

6. Stunde

Thema: Abraham und Sara bekommen einen Sohn.

Lernintentionen: a. Die Schüler erkennen, daß Gott auch zu dem für den Nomaden Abraham bedeutenden Versprechen eines Nachkommen steht.
b. Sie erfahren, daß auch dem Isaak die Verheißungen Gottes gelten.
c. Sie erfahren im Malen eines Bildes das Feiern der Geburt Isaaks als angemessene Reaktion auf das erfüllte Versprechen Gottes.

Inhalt	Methode/ Unterrichtsform	Medien/Materialien
1. Der Lehrer zeigt den Schülern ein Bild: Abraham steht in der Nacht draußen vor seinem Feld und schaut zum Sternenhimmel empor. Die Schüler erzählen zu dem Bild. Dabei sollten sie nicht nur über die Gedanken und Empfindungen Abrahams sprechen (Was könnte Abraham denken, fühlen, ahnen, erwarten...?), sondern besonders auch ihre eigenen Erinnerungen an einen sternenklaren Abend formulieren.	Lehrerdarbietung gelenktes Unterrichtsgespräch	M 4: Bild 7 aus der Diareihe "Abraham"
2. Der Lehrer erzählt die Geschichte von der an Abraham ergangenen Verheißung eines Sohnes und ihrer Erfüllung.	Lehrererzählung	

Inhalt	Methode/ Unterrichtsform	Medien/Materialien
3. Die Schüler äußern sich zu der Erzählung. Lehrer: Überlegt einmal, wie Abraham und Sara mit ihren Leuten die Geburt des Sohnes gefeiert haben könnten (Lagerfeuer, Spießbraten, Tanzen, Beten...). Drückt dies in einem Bild aus. Einige Bilder werden vorgestellt und kritisch diskutiert.	gelenktes Unterrichtsgespräch Einzelarbeit bildnerisches Gestalten	Religionsheft, Farbstifte
4. Lehrer: Ich gebe euch ein Arbeitsblatt mit einer kleinen Geschichte. Darin fehlen einige Wörter, die ihr unter der Geschichte findet. Sie stehen dort nicht in der richtigen Reihenfolge. Setzt die richtigen Wörter an den entsprechenden Stellen ein. Die Anfangsbuchstaben der Lückenwörter ergeben untereinandergelesen den Namen des Sohnes Abrahams: *Isaak*.	Einzelarbeit Schreiben	Arbeitsblatt 4: Abraham Schreibzeug

D Medien

M 1

"Abraham"

Vor vielen Jahren lebte in einem fernen Land ein Mann mit Namen Tara. Tara war der Anführer eines Stammes. Er besaß große Herden von Rindern, Schafen und Eseln. Er hatte auch Kamele zum Reiten. Tara und seine Leute waren Nomaden. Sie schlugen ihre Zelte immer da auf, wo sie gute Weideplätze für ihr Vieh fanden. Außer dem Stamm des Tara waren auch andere Stämme unterwegs. Tara kannte sie alle. Manche waren seine Freunde, andere waren seine Feinde.
Tara hatte drei Söhne. Einer hieß Abraham. Abraham hütete die Herden seines Vaters. Oft war er allein draußen. Nur die Hunde waren bei ihm. Die schützten die Herden vor Schakalen und Löwen. Es gab aber noch schlimmere Räuber. Die konnten jeden Augenblick auftauchen. Abraham spähte vorsichtig umher. Von dem Hügel aus konnte er weit sehen. Manchmal erblickte er in der Ferne eine Staubwolke. Das konnten die Todfeinde seines Vaters sein. Die ritten auf schnellen Kamelen. Abraham durfte ihnen nicht allein in die Hände fallen. Dann war er verloren. Zwischen Todfeinden gibt es kein Erbarmen.

Abrahams Frau hieß Sara. Abraham hatte sie sehr lieb. Aber Sara bekam keine Kinder. Das war schlimm.
"Wer wird für uns sorgen, wenn wir alt sind?" sagte Abraham zu Sara. "Wer wird uns vor unseren Todfeinden schützen?"

"Gott will Frieden"

Taras Leute mußten oft mit ihren Feinden kämpfen. Bald hatten viele Frauen keinen Mann mehr, Kinder waren ohne Vater. Abraham trauerte um seine Freunde. "Warum muß immer Krieg sein?" fragte er seinen Vater. Tara antwortete: "Das ist immer so gewesen. Männer müssen kämpfen gegen ihre Feinde."
Einmal kam der alte Tobias dazu. Abraham hatte ihn gern, denn er kannte viele Geschichten und Lieder. Tobias war in seiner Jugend aus einem anderen Stamm gekommen. Taras Vater hatte ihn einmal schwer verletzt draußen gefunden. Er hatte ihn nicht totgeschlagen, sondern ihn in sein Zelt gebracht. Seitdem war Tobias da. Tobias sagte nun:
"Tara, wir haben es nie anders erlebt. Schon lange kämpfen Stämme gegeneinander. Aber das war nicht immer so. In meiner Jugend habe ich zugehört, als weise Männer erzählten. Sie erzählten von Gott. Er hat die ganze Erde gemacht. Alle Pflanzen und alle Tiere kommen von ihm. Er schuf auch die Menschen und gab ihnen einen Auftrag: Macht die Erde zu einem Garten, seid hilfsbereit und haltet Frieden untereinander. Darum ist es nicht recht, daß wir uns bekämpfen."
Aber Tara wollte nicht auf den alten Tobias hören.
"Das ist doch längst vorbei", sagte er, "unsere Väter haben gekämpft, und wir müssen es auch."
"Das ist ja nicht wahr", antwortete Tobias. "Dein Vater hat doch selbst ein Beispiel gegeben. Ich war ein Fremder, ein Feind. Aber er hat mich aufgenommen. Und du hast es auch getan. Warum soll das nicht auch zwischen Stämmen möglich sein? Es muß doch Frieden geben!"
Abraham ging nachdenklich zu seinem Zelt. Er nahm sich vor, bei nächster Gelegenheit allein mit Tobias zu reden.

"Abraham zieht aus"

Eines Tages sagte Abraham zu Sara:
"Ich habe heute nacht etwas Seltsames erlebt. Da hat mich einer beim Namen gerufen: Abraham! Abraham! Ich rief: Hier bin ich, Tobias, was ist? Aber Tobias war gar nicht da. Ich schlief wieder ein. Da kam es noch einmal: Abraham! Abraham! Und dann hörte ich ganz deutlich: Abraham, geh fort von hier. Ich werde dir ein neues Land zeigen."

Sara wollte von der Geschichte nichts wissen:
"Du hast dir in letzter Zeit zu viel von dem alten Tobias erzählen lassen. Jetzt ruft er dich schon im Traum."
Abraham antwortete nicht. Aber in der Nacht kam die Stimme wieder:
"Abraham, geh fort von hier! Geh in ein Land, das ich dir zeigen werde. Verlasse deinen Vater, verlasse deine Freunde und deine Brüder."
Das klang wie ein Befehl, wie ein Befehl von Gott, dem man nicht widersprechen darf. Aber Sara widersprach doch am Morgen, als er es ihr erzählte:
"Warum sollen wir das tun? Warum sollen wir weggehen von unserem Land, von unserer Familie, von allen, die uns liebhaben? Wer wird uns da draußen helfen? Da kennt uns niemand! — Warum?"
Wie konnte Abraham ihr das erklären? Einen ganzen Tag lang ging er schweigend und nachdenklich umher. Tiefe Falten standen auf seiner Stirn. In der Nacht hatte er einen Traum. Er sah sich mit Sara in einem weiten, fruchtbaren Land. Sie waren beide sehr alt. Und sie waren nicht allein. Kinder waren da und viele Enkelkinder. Alle waren glücklich. Da hörte er eine Stimme:
"Du hast recht gesehen, Abraham. Ihr sollt ein neues Volk werden, Sara und du. Ihr sollt nicht in Feindschaft leben mit den anderen Stämmen. Dein Vater Tara und alle ihre Vorväter haben Frieden geschaffen in ihrer Sippe. Jetzt sollst du und deine Nachkommen Frieden schaffen zwischen allen verfeindeten Stämmen und Völkern. Ihr sollt ihnen den Frieden bringen. Sie werden euch Friedensstifter nennen. Das ist euer Auftrag. Darum müßt ihr jetzt gehen."
Sara hatte schweigend zugehört. Dann fragte sie leise:
"Du glaubst wirklich, daß wir gehen müssen?"
Abraham sagte: "Ja."
"Dann gehe ich auch mit", sagte Sara.
Nachher ging alles sehr schnell. Abraham rief seine Hirten herbei:
"Treibt meine Tiere zusammen. Brecht die Zelte ab und ladet sie den Lasttieren auf. Packt alles Brot ein, das wir haben, und füllt die Wasserschläuche. Wir haben eine lange Wanderung vor uns."
Während die Vorbereitungen in vollem Gange waren, kamen Abrahams Brüder und sein Vater.
"Wo willst du denn hin?" riefen sie aufgeregt. "Du kannst doch nicht einfach weggehen. Du wirst ins Verderben rennen. Bleibt bei uns, Abraham und Sara!"
Abraham ließ sie alle ausreden. Dann erzählte er ihnen von dem Befehl, den er bekommen hatte.
"Ich habe einen Auftrag", sagte er, "ich muß ihn ausführen." Darauf nahm er Abschied von seinem Vater und seinen Brüdern. Ein Stück weit ritten sie noch mit. Dann blieben sie zurück.

"Abrahams Wanderung"

1

Mit Abraham, Sara und den Hirten zog auch Lot. Lot war der Sohn von Abrahams verstorbenem Bruder. Sie kamen nur langsam mit ihren Herden vorwärts. Viele Wochen waren sie unterwegs durch unbewohntes Gebiet. Sie zogen durch sandige Gegenden. Dort wuchs nur hartes Wüstengras. Kein Baum spendete Schatten. Unbarmherzig brannte die Sonne auf Menschen und Tiere. Oft fanden sie tagelang keine Wasserstelle. Die Vorräte wurden knapp.
Manche Nacht ist Abraham aufgestanden. Er konnte keine Ruhe finden. Seine Hirten machten ihm Vorwürfe:
"Wie lange sollen wir uns noch durch dieses trostlose Land quälen? Wären wir doch zu Hause geblieben! Da hatten wir es gut. Die Weiden waren saftig. Und wir brauchten uns nicht zu fürchten. Jetzt werden wir in der Fremde umkommen!"
Zuerst hatte Abraham nicht auf sie gehört. Aber die Wanderung zog sich in die Länge. Sollte er sich doch getäuscht haben? Aber er hatte die Stimme deutlich gehört: "Abraham, geh fort von hier..."
Wenn alle schliefen, ging Abraham um das Lager herum. Er war unruhig. Er wartete auf etwas. Aber die Stimme kam nicht wieder.
Endlich! – Die Hirten glaubten zu träumen. Am Horizont tauchten Bäume auf. Jetzt konnten sie gar nicht schnell genug vorankommen. Die Herden liefen ihnen viel zu langsam. Sie hatten die Wüste hinter sich. Eine weite fruchtbare Ebene lag vor ihnen da. Sie waren in Palästina, im Lande der Kanaaniter.
Aber die Rast dauerte nur ein paar Tage. Abraham drängte weiter. Schließlich kamen sie an einen kleinen Berg. Auf dem stand ein einziger mächtiger Baum. Von hier aus konnte man das ganze umliegende Land überblicken. Staunend betrachtete Abraham die fruchtbaren Felder. Da hörte er auf einmal die Stimme wieder. Sie sagte:
"Dieses Land will ich deinen Nachkommen geben."
Das war das Zeichen, auf das er die ganze Zeit gewartet hatte. Nun wußte er: Hier sollten seine Nachkommen wohnen.

aus: Hans Grewel u.a., Aufbruch zum Frieden. Religionsbuch für das erste und zweite Schuljahr, Crüwell-Verlag Dortmund 1973, S. 73–79.

M 2

Andreas Felger: Abraham

Dia Nr. 1 Ruf Gottes
Dia Nr. 2 Auszug
Dia Nr. 3 Anbetung

aus der Mappe "Abraham", eine Farbholzschnittreihe mit 18 Bildern auf Bütten gedruckt. Diese drei Bilder erscheinen hier erstmalig als Dias. Neben den Originalen (Mappe) erschien ein Buch mit Abbildungen der 18 Motive aus den Abrahamerzählungen und zugeordnete Bibel- und Meditationstexte: Martin Gutl/Andreas Felger, Du bist Abraham, Präsenz-Verlag, Gnadenthal/Styria-Verlag, Graz, Wien, Köln 1976.
Die Bilder wollen erzählen und vertiefen zugleich.

M 3

"Trennung von Lot"

aus: Abraham vertraut Gott. Zur Abrahamsgeschichte I und II. Biblische Geschichten. Hörbilder für Kinder, Verlag Junge Gemeinde, E. Schwinghammer K.G., Stuttgart (17 cm – 5'30" – 45 UpM).
Das Hörspiel stellt vor allem den Brunnenstreit der Hirten Abrahams und Lots dar. Abraham schlichtet ihn und trennt sich schließlich im guten von Lot.

M 4

Diareihe "Abraham"

Bild 7, aus der Diareihe: Kees de Kort, Abraham. Biblische Palette (Dias). Was uns die Bibel erzählt, Württembergische Bibelanstalt, Stuttgart, und Ev. Zentralbildkammer, Bielefeld, 12 Farbdias, 1 Textheft.
Abraham steht in der Nacht draußen und schaut zum Sternenhimmel.
Das Bild findet sich auch als Bild 7 im gleichnamigen Bilderbuch aus der Reihe: Was uns die Bibel erzählt, Württembergische Bibelanstalt, Stuttgart.

2 Der Auszug des Volkes Israel aus Ägypten

A Übersichtsplan

Thema	Inhalt in Stichworten	Verknüpfung zu anderen Themen
2.1 Israel feiert zur Erinnerung an den Auszug aus Ägypten das Passafest	Text einer jüdischen Passafeier Bilder von einer Passafeier	
2.2 Mose wird geboren	Lehrererzählung: Geburt und Berufung des Mose Flanellbilder zu der Geschichte Lied "Mose im Korb"	
2.3 Das Volk Israel verläßt Ägypten	Lied "Mose im Korb" Auszug aus Ägypten und Rettung des Volkes am Schilfmeer mit Hilfe von Bildern Bilder von Ägypten Rollenspiele zur Wüstenwanderung des Volkes	1.3 Abraham und seine Leute machen sich auf den Weg
2.4 Gott bewahrt das Volk Israel vor den Ägyptern	Lied "Mose im Korb" Auszugsgeschichte als Wiederholung mit Hilfe von Bildern Interpretation des Bildes "Durchzug durchs Schilfmeer" Dankgebet Israels für die Rettung	1.4 Abraham erreicht das versprochene Land 3.2 Das Volk Israel befindet sich in einer dunklen, traurigen Lage 9.2 Die Menschen beten zu Gott

Thema	Inhalt in Stichworten	Verknüpfung zu anderen Themen
2.5 Das Volk Israel zweifelt an Gott	Wüstenwanderung des Volkes Leben von Nomaden mit Hilfe von Bildern Israels Rettung durch das Manna in der Wüste	1.1 Abraham lebte in Haran 3.2 Das Volk Israel befindet sich in einer dunklen, traurigen Lage 10.1 Die israelitischen Nomadenstämme werden seßhaft
2.6 Das Volk wendet sich von Gott ab	Interpretation des Bildes "Das goldene Kalb" Lehrererzählung der Geschichte vom Goldenen Kalb 1. Gebot	3.2 Das Volk Israel befindet sich in einer dunklen, traurigen Lage

B Theologisch-didaktische Überlegungen

"Ein umherirrender Aramäer war mein Vater..." (Dtn 26,5), so betet der israelitische Bauer, wenn er seine Erstlingsfrüchte im Opfer darbringt. In diesem alten Bekenntnis spiegelt sich andeutungsweise, verdichtet und dennoch klar genug, die Geschichte eines Volkes wider, das Rast- und Ruhelosigkeit wie kein zweites erlebte – und dies bis auf den heutigen Tag. In seiner langen Geschichte durchstand es Kriege, Verfolgungen, Demütigungen, Isolation in reichem Maße. Es wäre verständlich, wenn sich die israelitischen Menschen von ihrer Vergangenheit freizumachen versuchten, um das Bedrängende und Bedrückende von gestern zu vergessen. Dennoch ist es gerade das Volk Israel, das wie kein anderes in und aus seinen Überlieferungen lebt.
Einweisen in Überlieferungen der eigenen Geschichte ist die vornehmste Aufgabe jeder Erziehung und Didaktik. Dabei geht es nicht um das Verarbeiten und Bewältigen von belastender Vergangenheit. Es geht vielmehr primär um Versuche der Standortbestimmung der jeweiligen Gegenwart aus den Überlieferungen der Ver-

gangenheit. Dies geschieht nicht im banalen "was können wir aus der Vergangenheit lernen?" aus der Sicht eines standort-bewußten Menschen des 20. Jahrhunderts, der sein Leben eigentlich auch ohne Tradition bewältigt, der gewissermaßen nur von oben herab in das Tal der Vergangenheit sieht und gelegentlich Bestärkungen seiner Position findet.

Der jüdische Philosoph und Theologe Franz Rosenzweig hat in den zwanziger Jahren dieses Jahrhunderts seinen Mitjuden unermüdlich klargemacht, warum und wie es sinnvoll ist, sich mit Überlieferungen des eigenen Volkes zu befassen. Durch Assimilation an die deutschen Lebensverhältnisse und Denkweisen war das Deutsch-Judentum in Gefahr, sein Eigensein aufzugeben. "Einen Weg, der durch das ganze Gebiet des Wissbaren hindurchführt, wirklich hindurch, der sich nicht damit begnügt, nur einige erhöhte Aussichtspunkte zu berühren, ja der selbst dahin führt, wo frühere Zeiten es überhaupt nicht der Mühe wert gefunden hätten, Wege anzulegen – und der doch selbst dem, der ihn ganz durchlaufen hatte, nicht das Recht geben würde, zu sagen, nun sei er am Ziel, sondern ihm dürfte auch ein solcher nur sagen: nun habe er den Weg durchmessen; aber das Ziel läge immer noch auch für ihn, einen Schritt weiter, im Weglosen."[1] Hineinhorchen in die Überlieferungen ermöglicht Bestimmung eines eigenen Standpunktes mit allen Unsicherheiten auf einem langen Weg, der einmal begann und heute noch erkennbar ist. Sich einzureihen in eine Kette der überlieferten Zeugnisse, in eine Reihe von Zeugen, ohne die es keine Überlieferung gäbe, das ist die Aufgabe der Beschäftigung mit Vergangenem. Lernen des Gewesenen, Anerkennen, Aufnehmen und Neugestalten sind die Merkmale echten Überlieferungsverständnisses.

Die Geschichte des Volkes Israel ist neben dem erfahrenen Leid durch Führungen und Bewahrungen Gottes gekennzeichnet. Israel erinnert nie nur an das Negative. Selbst wenn es dargestellt wird, bedeutet es Spiegelung des eigenen Unvermögens, des Abfalls von seinem Gott und der Hinwendung zu anderen Göttern. Es bedeutet zugleich auch immer Abheben der einen negativ erfahrenen Zeit gegenüber der erneuten Zuwendung Gottes zum Volk und umgekehrt.

Die Geschichte vom Auszug aus Ägypten gehört zu den prägenden Bekenntnisfundamenten Israels. Wo der Weg aus der Vergangenheit nachgezeichnet wird, spielen die Väter- und Landnahmezeit eine wesentliche Rolle.

Soll die Geschichte vom Auszug des Volkes Israel in der Schule dargestellt werden, dann kommt man schnell in Konflikt mit den biblischen Zeugnissen und den Erkenntnissen alttestamentlicher Wissenschaft. Es ist heute allgemeine wissenschaftliche Meinung, daß sich die Volkwerdung Israels und seine Seßhaftwerdung anders vollzogen haben, als sie von den biblischen Schreibern dargestellt werden. Diese knüpfen einen direkten Erzählzusammenhang zwischen Jakob, seinen Söhnen, der Volkwerdung in Ägypten, dem Auszug und der Seßhaftwerdung in Palästina (Kanaan). Sie geben einen Zeitraum von 40 Jahren von der Freilassung

---

[1] *Franz Rosenzweig, Die Bauleute, in: Franz Rosenzweig. Die Schrift. Aufsätze, Übertragungen und Briefe, hg. von: Karl Thieme, Frankfurt/M o.J., S. 149.*

des Volkes durch Pharao und der Landnahme Palästinas an. Nach den Erkenntnissen der alttestamentlichen Wissenschaft vollzog sich die Landnahme jedoch in einem Zeitraum von ungefähr 200 Jahren. Hierbei handelt es sich nicht um eine Bewegung eines großen Volkes. Vielmehr erfolgte die Seßhaftwerdung Israels stämmeweise. Die Stämme waren Nomaden oder Halbnomaden und wurden im Laufe der 200 Jahre seßhaft. Sie schlossen sich zunächst zu einem sakralen Stämmebund mit einem zentralen Heiligtum zusammen – ohne primäre politische Interessen. Zusammenhalt dokumentierten die regelmäßigen gemeinsamen Feste am Zentralheiligtum.[2]

Die Verzahnung biblischer Aussagen von Schreibern, die etwa ab 1000 v. Chr. ihre Gedanken und vorgefundene Erzählungen niederlegten, mit wissenschaftlichen Aussagen des ausgehenden 19. und des 20. Jahrhunderts ist in didaktischen Bereichen sehr schwierig. Es gehören erhebliche Abstraktionsvoraussetzungen dazu, historische Aussagen und Glaubensbezeugungen in ihrem rechten Verhältnis zueinander zu sehen und klare Ab- und Ausgrenzungen vorzunehmen, wo dies notwendig erscheint. Je intensiver man in kindlichen Bereichen denkt, desto schwieriger ist die Entflechtung. Für den Rahmen der Primarstufe scheint dies kaum möglich zu sein. Es bleibt dann die Frage, ob überhaupt und wenn ja, wie diese Erzählungen vermittelt werden sollen, wenn man wissenschaftlich redlich arbeiten will.

Die Geschichte vom Auszug Israels aus Ägypten gehört in das Zentrum israelitischer Glaubensgeschichte. Will man Schüler der Primarstufe in die Geschichte Israels und dessen Glaubensvorstellungen einführen, dann kann das nicht mit theologisch verdichteten Texten geschehen. Sie würden die Kinder überfordern. Für kindliche Vorstellungen und Aufnahmefähigkeit ist die Erzählung mit ihren epischen Strukturen eine vorrangige Vermittlungsform. Entwickeln dichter Probleme durch Umschreiben, Umspielen, Ausspinnen kommt dem kindlichen Aufnahmevermögen am nächsten. Es liegt zunächst nahe, bereits vorhandene, von Schreibern entfaltete Erzählungen aufzunehmen. Entscheidend ist, den Schülern deutlich zu machen, daß hier ein Erzähler aus *seiner* Sicht Vergangenes darstellt. Er war selbst nicht dabei, hat keine Notizen und Protokolle schreiben können; Radio und Fernsehen existierten noch nicht. Was er erzählt, ist seine Sichtweise, ist subjektiv, darum aber nicht weniger wahr. Um diesen Gedanken zu vermitteln, kann man mit den Schülern beispielsweise kleine Spielszenen gestalten, in denen gezeigt wird, wie unterschiedlich verschiedene Menschen von demselben Erlebnis erzählen, wie sie bei gegenseitigem Weitererzählen hinzufügen oder weglassen ...

Die Erzählungen Israels haben ganz unterschiedliche, differenzierte Strukturen und Inhalte. Die Themen und Ereignisse sind vielfältig; sie umfassen schließlich Jahrhunderte von Geschichte. Dennoch lassen sich einige Strukturelemente der Erzählungen herauslösen, die immer wieder vorkommen und die man als Stützen

---

[2]*Näheres siehe in kurzen und leicht verständlichen Zügen bei Martin Metzger, Grundriß der Geschichte Israels, Neukirchen, 2. überarbeitete Auflage 1967, besonders S. 33–72.*

israelitischen Geschichtsverständnisses bezeichnen kann. Die Darstellungen kreisen eng oder weitläufig um das Handeln Gottes an und mit dem Volk Israel. Bewahrung, Rettung durch Gott, Abfall des Volkes von seinem Gott und erneute Hinwendung zu ihm durchziehen das ganze Alte Testament. Diese Elemente tragen vor allem auch die Erzählungen vom Auszug aus Ägypten.
Didaktisch problematische, zum Teil nur ausmalende Erzählungen können zunächst in der Primarstufe weggelassen werden, ohne daß die Erzählstrukturen verlassen werden. Hier ist unter anderem an die Plagen zu denken, die Gott dem Pharao schickte, als er sich wiederholt weigerte, das Volk auf Bitten des Mose hin ziehen zu lassen. Diese mirakulösen Züge braucht man nicht unbedingt, um darzustellen, wie hartnäckig Pharao war und welche Machtkonstellationen zwischen Ägypten und Israel bestanden. In diesen Erzählungen versuchen die alttestamentlichen Schreiber das Handeln Gottes am Volke Israel auszudrücken. Es sind Ausformulierungen der Erfahrung der Hilfe und der machtvollen Anwesenheit Gottes. Es "zeigt sich, daß auch die 'Plagen'-Erzählungsreihe nicht ein ausgeklügeltes literarisches Produkt, sondern aus lebendiger mündlicher Überlieferung von den großen Taten Gottes an seinem Volke hervorgegangen ist. Sie will besonders nachdrücklich aussagen, daß allein die Wundermacht Jahwes bei der Herausführung aus Ägypten am Werke gewesen ist, ohne daß Israel von sich aus etwas hätte dazu tun müssen oder auch nur können."[3]
Das Schilfmeerwunder hingegen sollte nicht fehlen, da sich hierin die Hilfe Gottes konzentriert. Man sollte aber vermeiden, nach realen Möglichkeiten der Durchquerung des Schilfmeeres zu suchen. Der Grundgedanke der Rettung durch Gott würde dabei nicht näher erhellt. Es muß aber betont werden, daß die Geschichte eine Erzählung ist, die den Gedanken von der Rettung ausmalt und der Phantasie eines damaligen Schreibers entstammt.
Eine bedeutende Stellung in der Auszugsgeschichte nimmt Mose ein. Seine Rettung durch die Tochter des Pharao zeigt, daß die Schreiber bereits in dieser kleinen Begebenheit die Führung und Fügung Gottes sehen. Mose tritt dann als Erwachsener und von Gott zur Führung Israels berufener Mann vor den Pharao. Das Volk wird frei, wieder verfolgt, am Schilfmeer gerettet und zieht weiter in Richtung Kanaan. Nach der Rettung im Schilfmeer wechseln die Tief- und Hochstimmungen im Volke ab. Entbehrungen in der Wüste, Hunger und Durst, lassen das Volk murren. Dies sind für Kinder nachvollziehbare und emotional verständliche Reaktionsweisen. Gottes Hilfe führt das Volk aus diesen Situationen. Sie ist jedoch nicht so nachhaltig erfahrbar, um ein positives Gottesverhältnis aufrecht zu erhalten. Es kommt zu einer für Israel gefährlichen Konfrontation: Das Volk macht sich einen sichtbaren Gott, einen goldenen Stier. Mose zerschlägt ihn und proklamiert die Zehn Gebote Gottes. Für das dritte Schuljahr genügt es zunächst, das Erste Gebot zu nennen, da es aus dem Erzählfaden der Auszugsgeschichte verstanden werden kann.

[3] *Martin Noth, Das zweite Buch Mose. Exodus, in: Das Alte Testament Deutsch (ATD), Bd. 5, Göttingen [4]1968, S. 53/54.*

Die Bedeutung des Ersten Gebotes für Israel und für die christliche Kirche kann immer nur in kurzen Sequenzen dargestellt werden. Es muß aber stets erneut vorkommen, weil es das Fundament des israelitischen und christlichen Gottesglaubens darstellt.
Diese Einheit setzt Schwerpunkte. Sie umspannt weite Erzählbereiche. Die vorhandenen Medien, vornehmlich die Farbholzschnitte von Thomas Zacharias, unterstützen dieses Vorgehen. Bei Zacharias wird nicht vordergründig illustriert. In seinen Bildern finden sich Vergangenheit, Gegenwart und Zukunft der Bedeutungsgehalte zugleich verdichtet dargestellt. Es zeigt sich immer wieder, daß in jedem Schuljahr eine Stoffauswahl getroffen werden muß. Bei so komplexen Zusammenhängen wie der Geschichte Israels ist dies gar nicht anders möglich. Entscheidend ist jedoch, welche Schwerpunkte gesetzt werden. Sie sollten unbedingt in die Strukturlinien von Verheißung, Zusage, Hilfe, Rettung, Bewahrung Gottes und der Haltung des Menschen dazu passen. Geschieht das, befindet man sich stets im großen Rahmen christlicher Verkündigung. Dann wird eine Basis vermittelt, auf der bis auf den heutigen Tag Glaubensgeschichte verstehbar gemacht werden kann.

Entwurfsziel

Die Schüler sollen erkennen, daß Israel und das jüdische Volk entscheidende Impulse ihres Lebens aus den überlieferten Erzählungen von der Bewahrung und Rettung durch Gott empfangen. Sie sollen sehen, daß das Verhältnis zwischen Gott und Israel durch Zuspruch, Verheißung, Bewahrung, Rettung Gottes, aber auch Zweifel, Abfall und Abwendung des Volkes von Gott bestimmt war. Dennoch überdauerte es alle Zeiten. Gläubige Juden erkennen im Gott Israels auch heute ihren Gott.

C Unterrichtsverlauf

1. Stunde

Thema: Israel feiert zur Erinnerung an den Auszug aus Ägypten das Passafest.

Lernintentionen: a. Die Schüler lernen das bedeutendste Fest der Juden kennen.
b. Sie sollen sehen, daß die Erinnerungen an die Vergangenheit dem Volke noch heute Zusammenhalt bieten.

Inhalt	Methode/ Unterrichtsform	Medien/Materialien*
1. Der Lehrer erzählt von einem Volk, das eine bewegte Geschichte hinter sich hat. Er berichtet von einem großen Fest, das alljährlich gefeiert wird und das an die wichtigsten Stationen der Vergangenheit erinnert. Im Mittelpunkt steht die Bewahrung Israels durch Gott.	Lehrererzählung	
2. Die Schüler lesen den Text der Passafeier still für sich.	Stillarbeit Lesen	Arbeitsblatt 5: Das Passafest

Hinweis: Zur Passafeier siehe: Juden und Christen, ausgewählt und bearbeitet von Werner Trutwin und Günter Wischmann, in: Theologisches Forum, Bd. 7, hg. v. Werner Trutwin, Düsseldorf, [2]1972; vgl. auch: Lehrerkommentar zur Neuen Schulbibel, Köln u.a. [2]1976, S. 50.

3. Die Schüler äußern sich zum gelesenen Text. Im Gespräch werden die sprechenden Personen näher bedacht: Der Vater, das Jüngste, die anderen. Der Vater eröffnet die Feier. Er erinnert an die Zeit der Vorfahren in Ägypten. Seine Erzählung knüpft die Beziehung von der Gegenwart zur Vergangenheit. Das jüngste Familienmitglied fragt nach dem Sinn des Handelns. Alle zusammen erzählen von Gottes Führung und loben ihn. An einigen Stellen des Gespräches zeigt der Lehrer den Schülern Bilder von einer jüdischen Passafeier.	gelenktes Unterrichtsgespräch	M 1: Bilder 2–10, 14–17 (in Auswahl) aus dem Tonbild "Jüdische Feste und Riten IV"

* *Die genauen Angaben zu den in dieser Rubrik abgekürzt aufgeführten Büchern und Medien finden sich im Literaturverzeichnis S. 153.*

Inhalt	Methode/ Unterrichtsform	Medien/Materialien

2. Stunde

Thema: Mose wird geboren.

Lernintentionen: a. Die Schüler lernen den Führer des Volkes Israel kennen.
b. Sie erfahren, daß Gottes Hilfe bereits im Verborgenen beginnen kann.

1. Die Schüler erzählen noch einmal von der Passafeier einer heutigen jüdischen Familie. Dabei sollte betont werden, daß die Erinnerung an die Vergangenheit des Volkes Israel eine entscheidende Rolle spielt.	Erzählen der Schüler gelenktes Unterrichtsgespräch	
2. Der Lehrer erzählt die Geschichte von der Geburt und der Berufung des Mose. Seine Erzählung illustriert er mit Flanellbildern.	Lehrerdarbietung	M 2: Flanellbilder zu Mose
3. Die Schüler äußern sich. Im Gespräch wird besonders betont, daß Gottes Handeln im Verborgenen beginnt und oft erst später durchschaubar wird.	gelenktes Unterrichtsgespräch	
4. Die Schüler lernen die erste Strophe des Liedes "Mose im Korb".	Liederarbeitung gemeinsames Singen	M 3: "Mose im Korb"
5. Der Lehrer gibt den Schülern ein Blatt mit dem gesamten Liedtext. Dieser wird in einem kurzen Gespräch erarbeitet. Zum Schluß wird das ganze Lied gesungen.	gelenktes Unterrichtsgespräch gemeinsames Singen	
6. Lehrer: Klebt zu Hause das Blatt in euer Religionsheft und lernt den Text auswendig.	Hausaufgabe	

3. Stunde

Thema: Das Volk Israel verläßt Ägypten.

Lernintentionen: a. Die Kinder lernen die Geschichte vom Auszug Israels aus Ägypten kennen.
b. Sie erfahren von Gottes helfendem und bewahrendem Handeln am Volke Israel.

Inhalt	Methode/ Unterrichtsform	Medien/Materialien
1. Singen des Liedes "Mose im Korb".	gemeinsames Singen	M 3: "Mose im Korb"
2. Der Lehrer erzählt die Geschichte vom Auszug und von der Rettung am Schilfmeer. Er läßt sich leiten von den Bildern der Diareihe "Auszug aus Ägypten".	Lehrerdarbietung	M 4: Diareihe "Auszug aus Ägypten"
▶ Da die Geschichte einigen Schülern bekannt sein kann, erzählen sie zu den einzelnen Bildern. Die übrigen denken sich schnell in den Erzählzusammenhang hinein und entwickeln im Klassengespräch die Geschichte.	gelenktes Unterrichtsgespräch	M 4: Diareihe "Auszug aus Ägypten
3. Die Schüler äußern sich. Sie erzählen die Geschichte nach.	freies Unterrichtsgespräch Nacherzählung	
4. Lehrer: Das Land Ägypten gibt es heute noch. Zwei Bilder zeigen euch, wie es dort aussieht.	Lehrerdarbietung	Dia Nr. 4 am Schluß des Buches (vgl. S. 158) Bilder 13, 14 aus "Neue Schulbibel-Diaserie": Nil/Pyramide; vgl. auch "Neue Schulbibel", Farbtafel 4
5. Lehrer: Wir wollen gemeinsam einige Szenen eines kleinen Rollenspiels entwerfen. Ihr sollt selbst bestimmen, welche Ausschnitte ihr von der Wüstenwanderung spielen wollt. Es könnten genannt werden: Packen – Abmarsch; Probleme in der Wüste (Durst, Hunger, Murren...); Meer; Durchzug und Feier nach der Rettung.	gelenktes Unterrichtsgespräch	
6. Die einzelnen Szenen werden geplant und gespielt. Kritische Anmerkungen der Klasse helfen zum Nachfragen von Einzelheiten, die für die Struktur der Geschichte wichtig sind.	Rollenspiel gelenktes Unterrichtsgespräch	

Inhalt	Methode/Unterrichtsform	Medien/Materialien

4. Stunde

Thema: Gott bewahrt das Volk Israel vor den Ägyptern.

Lernintention: Die Schüler erkennen, daß die Erfahrung von Rettung durch Gott für Israel zu einer lebensbestimmenden Kategorie wurde.

Inhalt	Methode/Unterrichtsform	Medien/Materialien
1. Singen des Liedes "Mose im Korb".	gemeinsames Singen	M 3
2. Lehrer: In der letzten Stunde habt ihr die Geschichte vom Auszug Israels aus Ägypten kennengelernt. Nennt noch einmal die wichtigsten Stationen. Der Lehrer zeigt dazu einige Bilder aus der Diareihe "Auszug aus Ägypten".	Schülererzählungen gelenktes Unterrichtsgespräch	M 4: Diareihe "Auszug aus Ägypten"
3. Lehrer: Ein Künstler hat die Rettung Israels durch Gott in nur einem Bild dargestellt. Die Schüler äußern sich. In dieser Phase sprechen sie vor allem über die Farben und Gestaltelemente des Bildes.	gelenktes Unterrichtsgespräch Bilderarbeitung	M 5: Bild (Dia oder Wandbild) "Durchzug durch's Schilfmeer" von Thomas Zacharias
4. Der Lehrer weist pointiert auf die orangefarbene Fläche in der Mitte hin (Menschenzug als ein Ruheelement im Bild; darum Menschen, Tiere, Streitwagen, die in den Fluten durcheinanderwirbeln). Das Ruheelement (emotional positive Farbe) weist auf das Rettungshandeln Gottes hin.	gelenktes Unterrichtsgespräch Bilderarbeitung	

Hinweis: Weitere Interpretationshilfen zum Bild bietet der Begleittext zu der Diareihe oder zu den Wandbildern.

Inhalt	Methode/Unterrichtsform	Medien/Materialien
5. Lehrer: Die Israeliten haben Grund zum Danken. Wir wollen gemeinsam ein Gebet finden, das Israel gebetet haben könnte. Der Lehrer schreibt den Text an die Tafel (etwa drei Sätze).	gelenktes Unterrichtsgespräch Texterarbeitung	Tafel, Kreide
6. Die Schüler übertragen das Gebet in ihr Heft.	Einzelarbeit Schreiben	Religionsheft, Schreibzeug

Inhalt	Methode/ Unterrichtsform	Medien/Materialien

5. Stunde

Thema: Das Volk Israel zweifelt an Gott.

Lernintentionen: a. Die Schüler hören von den Bedingungen des Nomadenlebens.
b. Die Schüler erkennen den Mangel an Vertrauen des Volkes Israel.

Inhalt	Methode/ Unterrichtsform	Medien/Materialien
1. Die Schüler lesen noch einmal das Gebet von der Bewahrung des Volkes am Schilfmeer. Sie wiederholen Gründe für das Dankgebet.	gelenktes Unterrichtsgespräch	Religionsheft
2. Der Lehrer erzählt die Geschichte des Volkes weiter. Anhand von Wüsten- und Steppenbildern wird das Leben von Nomaden dargestellt. (Dies muß besonders in der Primarstufe immer wieder geschehen, weil solche Lebensverhältnisse zu fremd sind.) Die Erzählung gipfelt an der Stelle, wo Israel Rettung durch das Manna erfährt.	Lehrerdarbietung gelenktes Unterrichtsgespräch	Bilder 18, 2, 3, 4, 5, 7 aus "Neue Schulbibel-Diaserie"
Der Lehrer erklärt dabei die Bedeutung der Tamariske für die Nomaden. Er betont das Staunen des Volkes Israel.		evtl. Bild einer Tamariske, z.B. aus "Arbeitsbuch Religion 3/4", S. 12 oder Bild 21 aus "Neue Schulbibel-Diaserie": Manna-Tamariske
▶ Der Lehrer erzählt die Geschichte vom Weiterziehen des Volkes Israel anhand ausgewählter Bilder aus der Diareihe "Zug ins gelobte Land".	Lehrerdarbietung	M 4: Diareihe "Zug ins gelobte Land"
3. Lehrer: Malt die Geschichte vom Manna. Überlegt einmal, worauf es dabei besonders ankommt. Im Gespräch wird betont, daß der Gegensatz von Niedergeschlagenheit und Freude im Bild zu sehen sein sollte. Beispielsweise könnten die einen noch bedrückt dahergehen, während sich die anderen schon freuen . . .	Einzelarbeit bildnerisches Gestalten gelenktes Unterrichtsgespräch	Religionsheft, Farbstifte
4. Einige Schülerarbeiten werden von der Klasse diskutiert.	gelenktes Unterrichtsgespräch	Schülerarbeiten

Inhalt	Methode/ Unterrichtsform	Medien/Materialien

6. Stunde

Thema: Das Volk wendet sich von Gott ab.

Lernintentionen: a. Die Schüler lernen die Geschichte vom Goldenen Kalb kennen.
b. Sie sehen, daß Gott gegen den Widerstand des Volkes zu ihm hält.

Inhalt	Methode/Unterrichtsform	Medien/Materialien
1. Der Lehrer zeigt den Schülern den Farbholzschnitt "Moses am Sinai", ohne das Thema zu nennen. Die Schüler äußern sich dazu.	freies Unterrichtsgespräch	M 5: Bild (Dia oder Wandbild) "Moses am Sinai" von Thomas Zacharias
2. Der Lehrer lenkt die Aufmerksamkeit der Schüler auf die Farb-, Form- und Kompositionselemente des Bildes. Assoziationen zu Flächenaufteilung und Qualität von Farben werden formuliert.	Bilderarbeitung gelenktes Unterrichtsgespräch	
3. Der Lehrer erzählt die biblische Geschichte vom Goldenen Kalb.	Lehrererzählung	
4. In einem vertiefenden Gespräch wird das in der Erzählung Gesagte zum Teil in dem Bild wiedererkannt. Der Lehrer lenkt das Gespräch auf die Gehalte des Bildes.	gelenktes Unterrichtsgespräch	
5. Lehrer: Mose kam vom Berg herab und sah das Handeln des Volkes. Er hatte von Gott zehn Anweisungen erhalten, die er auf zwei Tafeln niedergeschrieben hatte. Diese warf er wütend zu Boden. Er schlug auch das Kalb in tausend Stücke und hielt dem Volk eine ernste Rede. Sie endete mit den Worten: *Gott sagt:* *Ich bin der Herr, dein Gott.* *Du sollst keine andern Götter neben mir haben.* Im Gespräch werden diese Sätze näher bedacht. Der Lehrer erklärt den Schülern die Vorrangigkeit dieses Gebotes vor allen Anweisungen Gottes an Israel.	gelenktes Unterrichtsgespräch	
6. Der Lehrer schreibt das Erste Gebot an die Tafel. Die Schüler übertragen es ins Heft.	Tafelanschrift Einzelarbeit Schreiben	Tafel, Kreide Heft, Schreibzeug

D Medien

M 1

"Jüdische Feste und Riten"
Die Tonbildreihe "Jüdische Feste und Riten" vermittelt Eindrücke und Informationen zu jüdischen Glaubensvorstellungen und Riten.
Sie gliedert sich in folgende Unterthemen:
I. Der jüdische Gottesdienst (32 Farbdias, 20 Min.)
II. Gottesdienste im Alltag (36 Farbdias, 20 Min.)
III. Der Sabbat (25 Farbdias, 17 Min.)
IV. Die drei Wallfahrtsfeste: Passa, Shavuot, Sukkot (35 Farbdias, 25 Min.)
V. Hohe Feiertage und Gedenktage (34 Farbdias, 29 Min.)
Institut für Film und Bild in Wissenschaft und Unterricht, München 1975 (je Spule oder Kassette erhältlich). Die angegebenen Bilder entstammen der Reihe IV und zeigen Szenen aus einer Passafeier einer deutschen jüdischen Familie.

M 2

Reinhard Herrmann, Mose I,
Flanellbilder zur Bibel,
Verlag E. Kaufmann,
Lahr/Christophorus-Verlag,
Freiburg i.Br.

M 3

"Mose im Korb"

in: Gerd Watkinson (Hg.), 111 Kinderlieder zur Bibel. Neue Lieder für Schule, Kirche und Haus, Verlag Ernst Kaufmann, Lahr/Christophorus-Verlag, Freiburg i. Br., ³1970 (1968), Nr. 25.
Das Lied erzählt die Geschichte von der Rettung des kleinen Mose durch die Tochter des Pharao (Exodus 2,1–10). Seine Bedeutung für das Volk Israel wird in der letzten Strophe angedeutet.

M 4

"Auszug aus Ägypten" – "Zug ins gelobte Land" – "Die Heilung des Gelähmten" – "Bartimäus" – "Zachäus"

Diareihen zu den Bildern von Kees de Kort, aus: Biblische Palette (Dias). Was uns die Bibel erzählt, Württembergische Bibelanstalt, Stuttgart und Ev. Zentralbildkammer, Bielefeld, je 12 Farbdias, je 1 Textheft.
Die Bilder sind vorwiegend Illustrationen biblischer Erzählungen. Sie beschränken sich auf wenige elementare Aussagen und stellen farblich plakativ dar. In ihrer linearen Malweise kommen sie kindlichem Malen und Verstehen entgegen. de Kort malte ursprünglich für geistig behinderte Kinder.

M 5

"Durchzug durchs Schilfmeer" – "Moses am Sinai" – "Inkarnation" – "Johannes der Täufer" – "Der gute Hirt" – "Gang nach Emmaus"

Bilder von Thomas Zacharias je als Dia oder Wandbild, aus der Reihe: Farbholzschnitte zur Bibel, 24 Farbdias oder 24 Wandbilder (je 63,5 x 92 cm), jeweils mit Begleittexten, Kösel-Verlag, München.

Zusatzmaterial:

Interpretationsband: Folkert Doedens, Günter Lange, Thomas Zacharias, Farbholzschnitte zur Bibel von Thomas Zacharias. Interpretationen und Unterrichtspraxis mit bildnerischer Kunst, Kösel-Verlag, München 1973.
Die Bilder bedeuten theologische Verdichtungen mit den Möglichkeiten kompositorischer Elemente und Farben. Klare Farb- und Formsymbolik führt den Betrachter zum tieferen Verstehen biblischer Texte und Aussagen in der damaligen Zeit. Sie hilft ihm zugleich, den historischen Abstand zu überbrücken und leitet hin zu Sinnfragen auch für die Zukunft. Die Bilder sind interpretationsfähig und mehrdeutig offen, aber so eingrenzbar, daß man sich in kommunikativen und didaktischen Prozessen auf Deutungen einigen kann. Prinzip sollte die Begründung der Aussagen durch den ständigen Rückbezug auf das Bild sein.

3 Die Weihnachtsbotschaft

A Übersichtsplan

Thema	Inhalt in Stichworten	Verknüpfung zu anderen Themen
3.1 Farben können etwas bedeuten	Interpretation der Farb-, Form- und Kompositionselemente des Bildes "Inkarnation" Assoziationen zu hellen und dunklen Farben Malen von Bildern mit hellen und dunklen Farben	5.4 Die Auferstehung Jesu beseitigt Traurigkeit, sie bringt Freude
3.2 Das Volk Israel befindet sich in einer dunklen, traurigen Lage	Erarbeitung eines Arbeitstextes nach Psalm 80,5–8 Beziehungen von Text und Bild "Inkarnation"	2.4 Gott bewahrt das Volk Israel vor den Ägyptern 2.5 Das Volk Israel zweifelt an Gott 2.6 Das Volk wendet sich von Gott ab
3.3 Jesaja macht dem Volk Israel wieder Hoffnung	Erarbeitung eines Arbeitstextes nach Jesaja 9 Beziehungen von Text und Bild "Inkarnation"	
3.4 Der Evangelist Lukas erzählt von der Geburt Jesu	Hörspiel "Die Nacht in Bethlehem" ▶ Vorlesen der biblischen Weihnachtsgeschichte ▶ Erzählen der biblischen Weihnachtsgeschichte Lied "Jetzt ist die Zeit zum Freuen"	
3.5 Die Hirten erfahren als erste die Weihnachtsbotschaft	Lied "Jetzt ist die Zeit zum Freuen" Hirten zur Zeit Jesu Rollenspielszenen zum Leben der Hirten, Eintreffen der Weihnachtsbotschaft, Aufbrechen zum Stall in Bethlehem	

Thema	Inhalt in Stichworten	Verknüpfung zu anderen Themen
3.6 Die Weihnachtsgeschichte wurde bis zum heutigen Tag weitererzählt	Bildliche Weihnachtsdarstellungen aus der Kunstgeschichte Phänomene der Weihnachtszeit Lied "Jetzt ist die Zeit zum Freuen" Singen weiterer bekannter Weihnachtslieder	5.6 Die Osterbotschaft erreicht auch uns

B Theologisch-didaktische Überlegungen

Weihnachten kündigt sich lange vor dem eigentlichen Festtermin an. Bereits im Laufe des Oktober erhalten die innerstädtischen Straßenzüge Festbeleuchtung. Schaufensterauslagen, Reklameschriften, Fernsehspots künden das große Ereignis an.
Weihnachten löst bei den Menschen ganz unterschiedliche Stimmungen aus. Die einen freuen sich auf stille Tage im Familienkreis ohne Hektik des Berufsalltags. Sie wollen einfach Ruhe haben oder wieder neu von der Botschaft des Friedens hören, singen und beten. Ihre äußere, berufliche Situation ermöglicht ihnen Vorbesinnung und Einstimmung in die weihnachtlichen Festtage. Die anderen erwarten möglichst turbulente Vorweihnachtstage. Sie leben davon. Sie brauchen die Weihnachtsgeschäfte, um ihre Jahresbilanzen positiv zu gestalten. Wieder andere freuen sich überhaupt nicht. Ihnen graut vor der Hektik. Sie brauchen keine großen Geschäfte, da sie außer einer Weihnachtsgratifikation doch keine Vorteile von besseren Bilanzen haben. Bei allen, die der Hetze ausgesetzt sind, mischen sich Sehnsüchte und Erwartungen nach Abschalten, Ruhe und Frieden mit ein.
An keinem anderen Fest des Kirchenjahres wird soviel Kritik geübt wie an Weihnachten. Keinem wurde das Attribut "Rummel" beigefügt. Der Weihnachtsrummel ist allen Menschen ein Begriff; ganz entziehen kann sich ihm keiner. Die Konzentration auf erhöhten Konsum, auf Profit, Eintauchen in den allgemeinen Rummel und die Sorge um das leibliche Wohl für die Festtage, Einkauf von großen und kleinen Geschenken, damit ja keiner vergessen wird, – das und viele kleine Dinge mehr bestimmen das Denken und Handeln der Menschen in der Vorweihnachtszeit.

Freilich fehlt es bei allem Rummel nicht an Hindeutungen auf das eigentliche Ereignis. Engel, Hirten, Sterne, Krippe, Kind, Maria und Josef erscheinen in vielerlei Variationen. Bei genauem Hinsehen sind sie jedoch zumeist Beilagen, Blickfänge für kommerzielle Interessen. Sie sind Werbemedien und werden so im Grunde mißbraucht. Bei vielen mag ein Restbestand an schlechtem Gewissen damit überlagert werden. Die meisten sehen dabei die gebotene Notwendigkeit angemessener Werbung im harten Konkurrenzkampf.

Verflachung der Vorstellungen und Einstellungen von Menschen zu Ereignissen, die große existentielle Bedeutung haben können, sind überall da mitgegeben, wo Massen ihr Interesse zeigen. Massenaufläufe sind fast schon ein diametraler Gegensatz zu der Botschaft von der Krippe im Stall. Dennoch bedeuten sie ein Faktum, mit dem man leben muß. Daran kann und darf auch die Schule nicht vorbeigehen. Da helfen jedoch keine permanenten Anklagen gegenüber all denen, die den Sinn von Weihnachten vermeintlich oder wirklich verkehren; ständige negative Kritik hilft wenig.

Gerade für den Bereich der Schule wird Weihnachten zu einer didaktischen Herausforderung. Es prägt die Gedanken der Kinder. Vorfreude, Spannungen, Sehnsüchte beflügeln und belasten sie. Da sie bis zu sechs Stunden am Tag in der Schule sitzen, müssen sie auch mit ihren emotionalen Einstellungen ernst genommen werden. Jeder Lehrer weiß, daß die Arbeitskonzentration ganzer Klassen nachläßt, je näher der Termin der Festtage heranrückt.

Dem Religionsunterricht gilt die Herausforderung besonders. Weil dieses Fest vielgestaltig, unübersehbar und unüberhörbar existiert, muß es jedes Jahr neu ("Alle Jahre wieder") thematisiert werden. Frage ist nur: Wie geschieht es und wo geschieht es wie? Es ist sicher notwendig, so früh wie möglich die Schüler auf Verflachungstendenzen hinzuweisen und sie an den tieferen Sinn des Weihnachtsfestes heranzuführen. Zu Hause geschieht dies zum größten Teil nicht mehr, weil den meisten Eltern selbst der Zugang fehlt. Bis zum dritten Schuljahr der Primarstufe scheint es jedoch vorrangig zu sein, die Schüler zuerst einmal mit Bedeutungsgehalten von Weihnachten vertraut zu machen. Zu frühe Kritik an den Formen könnte Emotionen überlagern, denen positive Erwartungen unterliegen und die mit den Hoffnungen der Menschen korrespondieren, die Weihnachten jahrhundertelang erwarteten und in Jesus erfüllt sahen. Die Geburt des Retters, Heilandes, Messias wurde erhofft und ersehnt.

Es ist natürlich nicht leicht, Schüler eines dritten Schuljahres für das Verständnis der Belastungen, Sorgen, Nöte und Hoffnungen des Volkes Israel zu sensibilisieren, das 600 Jahre vor Jesu Geburt einen Retter erwartete und bis heute auf sein Kommen hofft. Wichtig erscheint es jedoch, dies zu versuchen und den Weg zu verfolgen, der bei der Erzählung von der Geburt endet. Dazu gibt es alte Texte, auf die auch die Urgemeinde zurückgriff. Sie lassen sich durchaus bereits im dritten Schuljahr lesen. Psalm 80,5–8 und Jesaja 9,2–7 (in Auszügen) beschreiben in eindringlicher Weise die Situation des Volkes Israel. Gelingt es, den Schülern die Gehalte dieser Texte zu vermitteln, dann kommen sie dem Verständnis der Weihnachtsbotschaft ein großes Stück näher. Hoffnungslosigkeit, Traurigkeit, Isolation, Angst sind ein Stück eigener Erlebnisgrund von Schülern, von Menschen überhaupt. Analoge Situationen ermöglichen in Ansätzen Identifikationen, ausgesprochene oder/und empfundene, die nicht weiter artikuliert werden oder werden können.

In der Erprobungsphase dieser Einheit hat sich methodisch der Weg über den Farbholzschnitt "Inkarnation" oder "Weihnachten" von Thomas Zacharias als hilfreich erwiesen. Die Schüler wurden zunächst gehalten, sich zu den Farben des Bildes zu äußern. Dunkle und helle Farben bestimmen es. Assoziationen zu Situationen, "Geschichten" zu dunkel und hell waren für die Schüler keine Barrieren. Sie erzählten fast alle von Angst- und Freudesituationen. Immer wieder wurde im weiteren auf die Farben und ihre Qualität Bezug genommen, ohne zunächst auf den Inhalt oder den tiefen bzw. eigentlichen Gehalt des Bildes einzugehen. Texte schlossen sich an das Bild an, die die Lage Israels mit Worten beschrieben. Bezüge von Text und Bild wurden ohne Hinweise hergestellt. Beide Medien waren aber so motivierend, daß die Schüler sprachliche Verbindungen von selbst vollzogen. Die Bildworte von Psalm 80 mögen einige Schwierigkeiten bereiten. Bei genügender Vorbereitung vermag das Zacharias-Bild diese jedoch schnell zu überwinden. Nach der (relativ) langen Vorbereitungsphase von drei Stunden wird den Schülern verständlich, daß Lukas eine Geschichte schreibt, in der er das 600 Jahre vorher erhoffte Geschehen als eingetroffen mitteilt. Lukas schreibt also keinen *Bericht* über die Geburt Jesu in Bethlehem. Er identifiziert die Geburt Jesu mit den Hoffnungen und Erwartungen des Volkes Israel. Es ist den Schülern hier leicht klarzumachen, daß Jesaja wahrscheinlich die Israeliten in der konkreten Notlage der Babylonischen Gefangenschaft nicht auf einen Retter vertröstete, der 600 Jahre später geboren werden würde. Das wäre für Israel kein Trost gewesen. Unabhängig von der israelitischen Situation im Exil sieht Lukas und sehen die Menschen nach Lukas die Ankündigung Jesajas erfüllt. Wenn es gelingt, den Schülern dies verständlich zu machen, dann ist bereits hier ein wichtiger Baustein gelegt für das Verstehen der alt- und neutestamentlichen Geschichtsschreibung. Hier gibt es noch keine Trennung von historischen Fakten und Glaubensaussagen, in denen die "bruta facta" gedeutet mitscheinen. Die Trennung wurde erst im Laufe des 19. Jahrhunderts vollzogen.

Die Botschaft von Weihnachten richtet sich nach Lukas zuerst an die Hirten. Ihre soziale Stellung soll im Unterricht kurz zur Sprache kommen, um die Beziehung zu verdeutlichen zwischen dem Handeln des erwachsenen Jesus (seinem Eintreten für soziale Minderheiten) und der Vorbereitung dazu durch Lukas in der Geburtsgeschichte. Damit wird die Basis gelegt für die spätere Interpretation der Geburtsgeschichte als Legende. Auch hier, wie in anderen biblischen Einheiten, wird Wert gelegt auf das Überlieferungsgeschehen biblischer Inhalte. Sie werden bis heute auf verschiedene Weise weitergegeben. Am Ende der letzten Stunde werden Phänomene erwähnt, die auf die Weihnachtszeit hindeuten. Nach dem Verstehen der Farbqualität des Farbholzschnittes "Inkarnation" von Thomas Zacharias sind die

Schüler sensibel genug, die weihnachtlichen Symbolgehalte von Kerze, Licht, Leuchten, Schmuck ... zu verstehen. Freilich erschließen sich diese Symbole auch ohne Bezug zu Weihnachten oder zu religiösen Bereichen. Dennoch helfen sie, ein tieferes Verständnis der Weihnachtsbotschaft zu finden.
In einem vierten Schuljahr wurde die gleiche Einheit von den Verfassern durchgeführt. Sie unterschied sich lediglich in der Stellung der ersten zwei Stunden. Hier wurden die Texte von Psalm 80 und Jesaja 9 zuerst gelesen. Danach vertiefte das Bild von Thomas Zacharias die Gehalte der Texte. Dieser Weg ist auch sinnvoll. Dennoch scheint der Ursprung beim Bild die Affinität zu den Farbqualitäten besser vorzubereiten. Der Ausgang bei den Texten ermöglicht später keine "wertfreie" Sichtweise der Farben. Die Schüler sahen im Bild immer zugleich Israel in konkreten Bezügen. Das ist so auch sinnvoll, nur behindert es ein wenig die Möglichkeit, von Israel abzusehen und allgemeine Aussagen aus dem Bilde zu erheben.
Wenn bis zum dritten Schuljahr, also dreimal, der Schwerpunkt des Weihnachtsthemas auf die biblische Geschichte gelegt wird, dann ist eine solide Basis gegeben, Überlagerungen, Auswüchse und Verzeichnungen der ursprünglichen Botschaft vom vierten Schuljahr an zu erarbeiten und zu formulieren. Im übrigen sind Schüler späterer Schuljahre auch eher in der Lage, ihre eigenen Einstellungen mitzureflektieren und vielleicht hier und da zu korrigieren.

Entwurfsziel

Die Schüler sollen verstehen, daß nach dem Zeugnis der ersten Christen die Geburt Jesu die Erfüllung des Jahrhunderte andauernden Wartens und Hoffens auf den Retter bedeutet. Sie sollen die Lage des Volkes Israel als Entstehungsbasis dieser Erwartungen erkennen. Den Schülern soll in Ansätzen bewußt werden, daß auch heute noch die alte Botschaft vom Retter der Welt Bedeutung hat, besonders für jene, die sich in ähnlicher Situation befinden wie das Volk Israel.

C Unterrichtsverlauf

1. Stunde

Thema: Farben können etwas bedeuten.

Lernintentionen: a. Die Schüler sollen verstehen, daß bestimmte Farben Empfindungen und Gedankenassoziationen auslösen können.
b. Sie erkennen die Besonderheit dunkler und heller Farben anhand eines Bildes.
c. In eigenen Malversuchen spiegelt sich die Bedeutung der Farben.

Inhalt	Methode/ Unterrichtsform	Medien/Materialien*
1. Der Lehrer zeigt den Schülern das Bild "Inkarnation". Lehrer: Erzählt zu dem Bild. Es wird erwartet, daß die Schüler vor allem über Farb-, Form- und Kompositionselemente reden.	freies Unterrichtsgespräch	Bild (Dia oder Wandbild) "Inkarnation" von Thomas Zacharias; vgl. M 5, S. 40
2. Der Lehrer gibt Impulse, die auf die vertikale helle und auf die horizontale dunkle Fläche hinweisen. Nach dem Nennen der Formelemente sollten ihre Farbqualität näher benannt und Assoziationen zu den Farben erzählt werden (dunkel: Finsternis, Einsamkeit, Angst, Isolation...; hell: Licht, Sonne, Wiese, Blumen, Freude, Fest...). Aufmerksamkeit erhält jetzt auch schon der kleine rote Lichtpunkt innerhalb der tiefhängenden schwarzen Fläche. Die Schüler versuchen erste Deutungen.	gelenktes Unterrichtsgespräch	
3. Lehrer: Ihr habt herausgefunden, was dunkle und helle Farben bedeuten können. Malt in einem eigenen Bild eine kleine Geschichte. Es kann eine traurige oder fröhliche Geschichte sein. Verwendet dabei dunkle Farben, die Traurigsein und helle Farben, die Fröhlichsein ausdrücken. Einige Schüler erzählen, was sie malen wollen.	gelenktes Unterrichtsgespräch Einzelarbeit bildnerisches Gestalten	Religionsheft, Farbstifte

Die genauen Angaben zu den in dieser Rubrik abgekürzt aufgeführten Büchern und Medien finden sich im Literaturverzeichnis S. 153.

Inhalt	Methode/ Unterrichtsform	Medien/Materialien
4. Lehrer und Schüler hängen die Bilder an einer in der Klasse gespannten Wäscheleine auf oder heften sie an eine Anschlagleiste. Die Schüler nehmen Stellung zu den Bildern und betonen, wo die Farbassoziationen besonders gut gelungen sind.	Gemeinschaftsarbeit gelenktes Unterrichtsgespräch	Wäscheleine, Wäscheklammern ▶ Wandleiste

2. Stunde

Thema: Das Volk Israel befindet sich in einer dunklen, traurigen Lage.

Lernintentionen: a. Die Schüler erkennen anhand eines Textes, daß sich das Volk Israel in einer Notsituation befindet.
b. Sie verstehen die Bildworte des Textes, die diese Notlage umschreiben.
c. Die Schüler knüpfen Beziehungen zwischen dem Text von Psalm 80 zum Bild "Inkarnation" von Thomas Zacharias. Sie vergleichen die Bildworte mit den dunklen Farben des Bildes.

Inhalt	Methode/ Unterrichtsform	Medien/Materialien
1. Der Lehrer zeigt noch einmal das Bild "Inkarnation". Die Schüler äußern sich im Sinne einer Wiederholung der Hauptergebnisse der letzten Stunde.	gelenktes Unterrichtsgespräch	vgl. M 5, S. 40
2. Die Schüler erhalten ein Arbeitsblatt. Sie lesen den Text still durch.	Einzelarbeit stilles Lesen	Arbeitsblatt 6: Gebet des Volkes Israel (Psalm 80,5–8)
3. Die Schüler äußern sich zu dem Text. Wahrscheinlich stellen sie Verstehensfragen. Einige Bildworte sind ihnen vermutlich unverständlich. Der Lehrer führt das Gespräch auf die besondere Gebetssituation Israels und erarbeitet vor allem die Bildworte: "Rauchender Zorn", "Seufzerbrot essen", "Krug voll Tränen trinken", "Angesicht leuchten lassen".	Texterarbeitung freie Schüleräußerungen gelenktes Unterrichtsgespräch	

Hinweis: Mächtige Feinde waren in das Land Israel eingefallen. Sie verwüsteten die Felder, Dörfer und Städte und führten viele Menschen als Gefangene fort. Die Israeliten litten unter der Situation und besannen sich auf ihren Gott. Ihm klagten sie ihre Leiden und baten ihn um Hilfe.

Inhalt	Methode/ Unterrichtsform	Medien/Materialien
4. Lehrer: Versucht eine Beziehung zwischen dem Bild und dem Text zu knüpfen. Dazu zeigt er das Bild noch einmal oder weist auf das noch projizierte bzw. ausgestellte Bild hin. Die Schüler sollen von der dunklen Farbe und ihrer bereits mehrfach genannten Qualität auf die Situation des Volkes Israel schließen (dunkle Lage, keine Auswege, Gottverlassenheit...).	gelenktes Unterrichtsgespräch	Arbeitsblatt 6 vgl. M 5, S. 40

3. Stunde

Thema: Jesaja macht dem Volk Israel wieder Hoffnung.

Lernintentionen: a. Die Schüler erschließen einen Arbeitstext und verstehen die Hoffnungsworte Jesajas.
b. Sie knüpfen Beziehungen zwischen dem Text Jesajas und dem Bild "Inkarnation" von Thomas Zacharias.
c. Die Schüler sollen in dem roten Fleck die dem Weihnachtsgeschehen zugrundeliegende Hoffnung der Menschen angedeutet finden.

1. Der Lehrer verteilt einen Arbeitstext. Die Schüler lesen ihn still und äußern sich dann dazu.	Einzelarbeit Lesen freies Unterrichtsgespräch	Arbeitsblatt 7: Der Retter kommt
2. Lehrer: Auch in diesem Text kommen einige schwierige Worte vor. Nennt sie und erzählt, was ihr euch dabei vorstellt ("Im Finstern wandern", "Aufstrahlen des Lichtes", "Herrschaft kommt auf seine Schultern").	Texterarbeitung gelenktes Unterrichtsgespräch	
3. Der Lehrer zeigt nochmals das Bild "Inkarnation". Die Schüler ziehen Parallelen zwischen Text und Bild. Der Schwerpunkt liegt auf den hellen Farben.	gelenktes Unterrichtsgespräch	vgl. M 5, S. 40

Inhalt	Methode/Unterrichtsform	Medien/Materialien

Besondere Bedeutung erhält in dieser Gesprächsphase der optische Mittelpunkt des Bildes, der kleine rote Fleck (Punkt, Keim, Hoffnungsschimmer – Kind, das die Rettung einleitet). Wahrscheinlich sehen spätestens hier die Schüler Verbindungen zum Weihnachtsgeschehen.

4. Lehrer: Bei unserem Text des Arbeitsblattes handelt es sich um einen der schönsten des Alten Testamentes. In ihm finden sich Worte der Hoffnung, die von vielen Menschen immer wieder gebraucht wurden. Lernt ihn zu Hause auswendig. — Hausaufgabe

3

4. Stunde

Thema: Der Evangelist Lukas erzählt von der Geburt Jesu.

Lernintentionen: a. Die Schüler verstehen, daß Lukas die Worte Jesajas etwa 600 Jahre später als erfüllt ansieht.
b. Sie nehmen den Inhalt der Weihnachtsgeschichte auf.
c. Sie erfahren erste Vertiefungen der Weihnachtserzählung in einem Lied.

1. Lehrer: Was Jesaja zum Volk Israel gesagt hatte, ist aufgeschrieben worden und konnte von vielen Menschen bis auf den heutigen Tag gelesen werden.
Auch die ersten Christen hatten es gelesen. Sie erzählten sich gegenseitig die Geschichte von der Geburt Jesu und erinnerten sich an die Rede Jesajas. Ein Mann mit Namen Lukas hat sie aufgeschrieben. Später haben viele Leute sie mit ihren eigenen Worten wiedererzählt, sie gesungen, gespielt oder gemalt. Manche haben sie auch in Hörspielen erzählt.
Die Schüler hören das Hörspiel "Die Geburt Jesu".
▶ Der Lehrer liest die Geschichte aus einer modernen Bibelübertragung vor.
▶ Der Lehrer erzählt die Geschichte.

Lehrerdarbietung — M 1: Schallplatte "Die Nacht in Bethlehem"

Lehrerdarbietung

Lehrerdarbietung

Inhalt	Methode/ Unterrichtsform	Medien/Materialien
2. Die Schüler äußern sich zu der Geschichte. In einem Gespräch werden die verschiedenen Personen mit ihren Funktionen bedacht. Besondere Aufmerksamkeit kommt den Hirten zu.	gelenktes Unterrichtsgespräch	
3. Die Schüler erhalten ein Blatt mit dem Text eines Liedes, das die Geschichte mit anderen Worten erzählt. Sie lernen die Melodie und den Text der ersten Strophe. Im Gespräch wird der Text interpretiert.	Liederarbeitung gemeinsames Singen gelenktes Unterrichtsgespräch	"Sieben Leben" Nr. 65: Jetzt ist die Zeit zum Freuen Liedtext
4. Lehrer: Klebt das Blatt zu Hause in euer Religionsheft und lernt den Text des Liedes auswendig.	Hausaufgabe	

5. Stunde

Thema: Die Hirten erfahren als erste die Weihnachtsbotschaft.

Lernintentionen: a. Die Schüler sehen, daß die sozial am Rande der Gesellschaft stehenden Hirten die Weihnachtsbotschaft als erste erfahren.
b. Sie erfahren Näheres von der Stellung der Hirten in der Gesellschaft.

1. Singen des Liedes "Jetzt ist die Zeit zum Freuen".	gemeinsames Singen	"Sieben Leben" Nr. 65
2. Der Lehrer erzählt den Schülern über das Leben der Hirten zur Zeit Jesu. Er betont deren soziale Randstellung und schließt etwa mit dem Satz: Gerade diese Menschen erfuhren die Weihnachtsbotschaft zuerst. Die Hirten wurden von der Neuigkeit überrascht und wußten zuerst nicht, was sie davon halten sollten. Überlegt, was sie miteinander beraten haben könnten.	Lehrererzählung	
3. Die Schüler vermuten die Reaktion der Hirten (erschreckt, überrascht, ungläubig, zweifelnd, neugierig, erwartungsvoll...).	gelenktes Unterrichtsgespräch	

Inhalt	Methode/ Unterrichtsform	Medien/Materialien

4. Die Schüler spielen einige verschiedene Szenen. Ort der Gespräche sind das Feld oder die Steppe. Es ist Nacht. Die Hirten wärmen sich am Feuer. Sie sitzen oder stehen um das Feuer herum.
Vorschlag für die Szenen:
– Sie unterhalten sich über ihr mieses Leben.
– Sie denken an ihr früheres, besseres Leben.
– Einer erinnert sich an das Wort Jesajas (Das Volk, das in der Finsternis wandert, sieht ein großes Licht ...)
– Ein Bote erzählt ihnen von der Geburt Jesu.
– Sie machen sich auf den Weg zum Stall.
Möglichst viele Schüler sollten zum Spielen kommen.

Methode/Unterrichtsform: gelenktes Unterrichtsgespräch, Rollenspiel

3

6. Stunde

Thema: Die Weihnachtsgeschichte wurde bis zum heutigen Tag weitererzählt.

Lernintentionen: a. Die Schüler erkennen, daß Menschen über fast 2000 Jahre die Weihnachtsgeschichte weitererzählt haben.
b. Anhand einiger Bilder sehen sie, daß die Menschen die Geschichte jeweils in ihre Zeit übertrugen.
c. Sie tragen Phänomene zusammen, die heute auf Weihnachten hindeuten.

Inhalt	Methode/ Unterrichtsform	Medien/Materialien
1. Lehrer: Die Weihnachtsgeschichte wurde bis auf den heutigen Tag auf verschiedene Weisen weitererzählt. Einige Bilder zeigen euch, wie Maler dies taten. Der Lehrer zeigt fünf Bilder mit Weihnachtsdarstellungen aus der Kunstgeschichte. Im Gespräch finden die Schüler heraus, daß die Künstler die Weihnachtsgeschichte in ihrer Zeit und in ihrer Umgebung dargestellt haben.	Lehrerdarbietung gelenktes Unterrichtsgespräch	M 2: Bilder in Auswahl aus "Dia-Themen 3"
2. Lehrer: In unseren Familien, in den Straßen, Geschäften, im Fernsehen, an vielen Stellen sind Zeichen von Weihnachten zu erkennen. Die Schüler nennen Phänomene, die auf Weihnachten hindeuten.	gelenktes Unterrichtsgespräch	

Inhalt	Methode/ Unterrichtsform	Medien/Materialien

Der Lehrer greift einige Phänomene gezielt auf und erarbeitet im Gespräch mit den Schülern den tieferen Bezug zur Weihnachtsgeschichte, z.B.: Kerzen – Licht, Wärme; Sterne – Licht, Helligkeit, Durchleuchten des Dunkels; Engel – Bote Gottes, Frohe Botschaft; Schmuck aus glitzernden Materialien – Helligkeit, Licht, Leuchten, Freude...

Hinweis: An dieser Stelle könnten verschiedene Weihnachtsbräuche zur Sprache kommen. Sie sollen hier nicht konkret angegeben werden, da sie regional unterschiedlicher Prägung sind.

3. Singen des Liedes "Jetzt ist die Zeit zum Freuen" und evtl. weiterer bekannter Weihnachtslieder.	gemeinsames Singen	"Sieben Leben" Nr. 65

D Medien

M 1

"Die Nacht in Bethlehem"

Eine Hörfolge zur Weihnachtsgeschichte nach Lukas 2, Vers 1–20, aus: Biblische Geschichten – Hörbilder für Kinder, Verlag "Junge Gemeinde", E. Schwinghammer KG, Stuttgart (17 cm – 13'45" – 45 UpM).
Das Hörspiel gestaltet die Geschichte von der Geburt Jesu nach Lk 2,1–20. Es erzählt sie aus der Sicht eines Hirten, in dessen Stall Jesus zur Welt kommt. Die Hirten erfahren als erste die Botschaft von der Geburt des Retters der Welt.

M 2

"Dia-Themen 3"

Richard Bellm (Hg.), dia-themen 3. Bilder der Kunst zur Weihnachtszeit, Burckhardthaus-Verlag, Gelnhausen/Christophorus-Verlag, Freiburg i. Br. 1975 (7 sw-Dias, 23 Farbdias).
Die Mappe besteht aus 30 Einzeldias. Sie ist keine zusammenhängende Reihe, bei der ein Bild auf das vorhergehende aufbaut. Der Bogen reicht vom 3. Jahrhundert bis in das Jahr 1974. Die Darstellungen sind vom Inhalt und von den Techniken her vielgestaltig.

4 Jesu Reden und Handeln

A Übersichtsplan

Thema	Inhalt in Stichworten	Verknüpfung zu anderen Themen
4.1 Johannes der Täufer sagt zu den Menschen: Ändert euer Leben!	Interpretation des Bildes "Johannes der Täufer" Lehrererzählung vom Leben, Predigen und Handeln Johannes des Täufers Erarbeiten einer Bildgeschichte durch die Schüler	
4.2 Jesus in Galiläa	Landschaftsbilder von Galiläa Die Kernbotschaft Johannes des Täufers Jesus findet Fischer als Mitarbeiter	
4.3 Jesus heilt einen gelähmten Mann (Mk 2,1–12)	Erzählung der Heilung des Gelähmten mit Hilfe von Bildern ▶ Lesen der Geschichte zu Bildern Interpretation der Geschichte Der Bericht des Geheilten und die Reaktion der Leute ▶ Malen des Verhaltens des Geheilten unmittelbar nach der Heilung	
4.4 Jesus heilt den blinden Bartimäus	Arbeitsblatt mit einem behinderten Kind "Blindenspiele" Lehrererzählung vom blinden Bartimäus mit Hilfe von Bildern Interpretation der Geschichte Arbeitsblatt zur Geschichte	
4.5 Jesus erzählt die Geschichte vom guten Hirten	Interpretation des Bildes "Der gute Hirt" Die Geschichte in Comic-Form Formulieren von Bildunterschriften zu den einzelnen Bildern 1. Strophe des Liedes "Ich hab von einem Mann gehört"	

Thema	Inhalt in Stichworten	Verknüpfung zu anderen Themen
4.6 Jesus ißt mit dem Zöllner Zachäus	1. Strophe des Liedes "Ich hab von einem Mann gehört" Sachtext zur Stellung der Zöllner zur Zeit Jesu Erzählen der Zachäus-Geschichte ▶ Hörspiel "Zachäus" Spiellied "Zachäus"	8.1 Johannes und der Moslem Abdul 8.5 Das Beiramfest der Moslems 8.6 Moslems und Christen leben in Deutschland zusammen 6.1 Vorurteile machen Menschen unglücklich 6.6 Alle Menschen auf der Welt sind wichtig und wertvoll

B Theologisch-didaktische Überlegungen

Das Nachdenken über die biblischen Zeugnisse vom Reden und Handeln Jesu gehört seit je zu den unverzichtbaren Grundlagen christlicher Erziehung und des christlichen Religionsunterrichts. Die Beschäftigung erfolgt zwar mit unterschiedlichen Motivationen und Begründungen, aber ohne sie gibt es keinen christlichen Religionsunterricht. Dies gilt für jede Altersphase vom ersten Schuljahr an.
Damit ist eine Anzahl von didaktischen Problemen gestellt, die wahrscheinlich nur befriedigend gelöst werden können, wenn Inhaltssysteme erarbeitet werden, die schulstufen- besser noch schulformbezogen angelegt sind. Jeder Praktiker im Religionsunterricht kennt die Klagen der Schüler über die mangelnde Motivation allzu bekannter Geschichten. "Schon wieder Abraham, schon wieder Jesus." Bei genauem Hinsehen liegt der Mangel oft in der Konzeptionslosigkeit, mit der die gleichen Inhalte wiederkehren. Es gibt bestimmte Erzählungen des Alten und Neuen Testamentes, die wiederholt bedacht werden müssen, weil sie theologische Grundaussagen enthalten, die für die christliche Existenz auf jeder Altersstufe gleichermaßen wichtig sind, z.B. die Friedensbotschaft von Weihnachten und

das Zeugnis von der Auferstehung Jesu, ohne die es keinen christlichen Glauben gäbe. Bei allen Wiederholungen der Grundinhalte und -gehalte ist nur die Frage, inwieweit die neue Entwicklungssituation der Schüler bedacht wurde, welche Zusatzinformationen und welche Vertiefungen die Kenntnisse und Erkenntnisse erweitern. Es ist z.B. bedenklich, wenn ein Schüler eines achten Schuljahres einer Hauptschule am Rande des Ruhrgebietes auf die Frage "Was wißt ihr von Jesus?" mit der Gegenfrage antwortet "Haben sie den nicht mal in eine Grube geworfen?".

Bis zum dritten Schuljahr haben die Schüler bereits viel von Jesus gehört. Sie haben sich ein Bild oder verschiedene Bilder gemacht, deren Konturen der Lehrer bei den einzelnen Schülern nur ahnen oder vermuten kann. Sicherheit bei der Einschätzung des Schülerwissens und der Schülermeinungen ist nicht möglich. An den Prägungen wirkten zahlreiche Personen, Institutionen und Faktoren mit, deren je eigene Wege, Inhaltsschwerpunkte und Zielsetzungen nicht mehr exakt erhebbar sind. Eltern, Großeltern, Kindergarten, Kindergottesdienst, christlich geprägte Elternhäuser mit bestimmten christlichen Lebensformen oder aber Oberflächlichkeit im Ausüben solcher Formen haben das Schülerbild von Jesus mitgeprägt.

Sicher ist lediglich, daß alle Schüler bereits von Jesus gehört haben. Bei allem denkbaren Desinteresse von Eltern an der Sache Jesu erleben und erfahren Kinder doch mehr oder minder intensiv z.B. im Rahmen der beiden großen Kirchenfeste Weihnachten und Ostern ursprüngliche Inhalte, die diese Feste bestimmen. Bereits für kleine Kinder bieten die Erzählungen von der Geburt des Kindes Jesus in der Krippe Fragereize, die sie mehr wissen lassen wollen. Freilich erhalten sie allzu oft flache und belanglose Antworten, die ihr Weiterfragen blockieren. Wenn Kinder auf im Grunde ernste Fragen keine engagierten, ehrlichen und ausreichenden Antworten erhalten, dann werden sie müde weiterzufragen.

Auch das Osterfest, das ja wie Weihnachten an zwei Feiertagen begangen wird, bietet Reize zum Fragen. Nur etwa drei bis vier Monate nach der Geburtsfeier des Kindes Jesus ist vom Tode und von der Auferstehung des Mannes Jesus die Rede. Dies ist für kindliche Gemüter nicht leicht in Einklang zu bringen. Sie fragen nach und erhalten leider auch hier allzu oft unbefriedigende Antworten. Hinzu kommt — gerade beim Osterfest —, daß die ursprünglichen christlichen Zeugnisse durch sekundäre, im Laufe der Jahrhunderte geprägte Bräuche, überlagert wurden. Geschichten vom Weihnachtsmann oder Christkind und vom eierlegenden Osterhasen verwirren zusätzlich (vgl. besonders den Entwurf 5 "Die Osterbotschaft"). Wenn hier die Schule nicht systematisch vom ersten Schuljahr an Defizite registriert und schließlich aufarbeitet, dann kommt es leicht zu solchen Fragen wie im oben genannten achten Schuljahr.

Die vorhandene Stoffülle biblischer Zeugnisse zwingt zu einer Auswahl auf jeder Alters- und Klassenstufe. Es ist selbstverständlich, daß neben expliziten biblischen Erzählungen von Texten auch die Tagesfragen der Schüler bedacht werden müssen. Hier geht es nicht um eine Alternative: bibelorientierter oder problemorientierter

Religionsunterricht. Diese Trennung wäre ohnehin falsch.[1] Der Schwerpunkt der Überlegungen beim Thema "Reden und Handeln Jesu" liegt bei den biblischen Zeugnissen. Zunächst müssen Schüler informiert werden über vorgegebene Inhalte. Da die oben skizzierte diffuse Ausgangslage wahrscheinlich meistenorts anzutreffen ist, darf man eine gewissenhafte Information über biblische Zeugnisse in einem auf die Schülersituation bezogenen existentiellen Fragenkomplex nicht hintanstellen. Ohne Vorkenntnisse sind Übertragungen in die Existenzlage heutiger Menschen nicht möglich. Ein gewissenhaft entwickelter Plan muß die Grundinhalte biblischer Zeugnisse zunächst auf die Primarstufenjahre so verteilen, daß baukastenartig verschiedene Schwerpunkte in den einzelnen Schuljahren erkennbar sind. Zudem muß der Lehrer klar erkennen können, warum bestimmte Themen hier oder da, so oder so zur Sprache kommen sollen. Wenn z.B. das Thema Weihnachten in allen Primarstufenjahren auf dem Plan stehen soll, dann muß durchschaubar und einleuchtend sein, daß es nicht vordergründig um das Aufnehmen des Themas geht, weil bestimmte Feste im Kirchenjahr dies nahelegen, sondern daß dieses Thema sachnotwendig ist aus verschiedenen Gründen, die darzulegen wären. So verhält es sich grundsätzlich mit allen Themen, auch mit denen, die direkt in den alltäglichen Problembereich der Schüler hineingehören, wie z.B. "Vorurteile", "Konflikte", "Angst" etc.

Greift man zu Themen, die in den Bereich des Redens und Handelns Jesu gehören, stellt sich die Frage der konkreten Auswahl erst recht. Sie alle sind in den Evangelien zu finden, die rein quantitativ einen großen Teil des Neuen Testamentes ausmachen. Der Erzählrahmen vom Reden und Handeln Jesu in den Evangelien ist weit. Es gibt unterschiedliche Gattungen von Erzählungen, deren didaktische Möglichkeiten bedacht sein müssen. Nicht jede Form der Darstellung ist zugleich übertragbar auf Schülersituationen. So scheiden Textbegegnungen mit stark abstrahierenden, theologisch verdichteten Aussageformen für die ersten drei Schuljahre der Primarstufe weitgehend aus. Zu denken ist hier etwa an den Bereich der Spruchsammlungen innerhalb der Logienquelle.

Gerade in den Evangelien gibt es eine Reihe von Texten mit Erzähl- und Geschichtencharakter, die durch fortlaufende Handlungen und menschliche Begegnungen gekennzeichnet sind. Sie scheinen auf den ersten Blick für die Primarstufe besonders geeignet. Solch vordergründig klare Strukturen verleiten jedoch oftmals zu Fehlschlüssen. Den Erzählungen liegen je eigene Literaturgattungen zugrunde, die zum Teil in der damaligen Zeit anders gehandhabt und verstanden wurden, als dies heute der Fall ist. Legenden, Streitgespräche, Gleichnisse, Wundergeschichten etwa werden im Blickwinkel eines Geschichtsverständnisses des 20. Jahrhunderts anders gesehen als vor 2000 Jahren. Die neutestamentliche Wissenschaft hat hinreichend deutlich gemacht, daß es sich bei all diesen Erzählungen primär um Glaubenszeugnisse handelt. Diese wurden nicht mit dem Bewußtsein der Trennung

---

[1] *Vgl. dazu: Ursula Früchtel, Leitfaden Religionsunterricht. Arbeitsbuch zur Didaktik des Religionsunterrichts. Zürich-Köln 1977.*

von historischen Fakten und auslegenden Glaubensaussagen erzählt bzw. aufgeschrieben. Eine Trennung dieser Art gibt es erst seit dem 19. Jahrhundert. Für die Menschen der Zeit Jesu war klar, daß alle Erzählungen nur im Horizonte des Glaubens zu verstehen seien. Das damalige Weltbild vollzog noch keine Trennung in sakral und profan bzw. säkular.

Genau dieser Problematik begegnet man, wenn das Reden und Handeln Jesu dargestellt werden soll. Von Jesus wird vielfach in ganz bestimmten Formen erzählt. Dazu gehören unter anderem besonders die Wundererzählungen und Gleichnisse. Wollte man in einem dritten Schuljahr darauf verzichten, so fehlten wesentliche Teile der Botschaft Jesu. Es ist damit aber die Aufgabe gestellt, diese Texte in redlicher und den wissenschaftlichen Erkenntnissen entsprechender Weise darzubieten. Dabei sind zusätzlich neben literarkritischen Aspekten die verschiedenen Faktoren mitzusehen, die Schüler von ihrem Entwicklungsstand her einbringen. *Wundergeschichten* bieten sich zunächst als Berichte von Geschehnissen dar, die natürlichen Erkenntnissen zuwiderlaufen. Zumindest werden sie von Schülern oft so verstanden. Die vorschnelle Folge ist leicht Ablehnung all solcher Texte. Nach heutigen Erkenntnissen erscheint dieses oder jenes Wunder Jesu als mirakulös und nicht wirklich. Primäre didaktische Aufgabe ist es daher, einen Weg zu finden, der den Schülern die wesentlichen Teile der Wundererzählung nahebringt – das sind gerade nicht die Wunder selbst – und den Anspruch an das Eigenleben der Schüler vermittelt. Nur dann, wenn Schüler von dem Zwang (objektiv oder subjektiv) enthoben werden, vorbehaltlos Unmögliches als möglich anzunehmen, ist eine Chance gegeben, sie zum rechten Verständnis von Wundererzählungen zu führen. In den letzten Jahren ist viel über diese spezielle Fragestellung gesagt und geschrieben worden. Dabei wurde besonders auch die Situation der Primarstufe bedacht. Allzu leicht möchte man vor allem in den beiden ersten Jahren den Schüler mit Wundergeschichten konfrontieren, da er als 6- bis 7jähriger von seinem Entwicklungsstand her besonders aufnahmebereit sei. Dem Mirakulösen solcher Geschichten steht er noch nicht gespalten gegenüber, weil sich sein Weltbild vorwiegend magisch, mirakulös darbietet. Die Gefahr der Manipulation ist groß. Man sollte sich hüten, hier Dinge zu vermitteln, die man sachlich für ungerechtfertigt hält. Es ergeben sich sonst Vorstellungsfestschreibungen, die später nur schwer abzubauen oder zu korrigieren sind.[2]

Da hier nicht der Ort für lange Ausführungen ist, soll ein Zitat exemplarisch für alle Bemühungen um diese Sachfragen stehen, das die neutestamentlich wissenschaftlichen Ergebnisse und die Basis für didaktische Konsequenzen in Kürze darstellt: "Das Wunder gehört für den Menschen der Antike zum festen Bestandteil seines Weltbildes. Da sich unser Welt- und Naturbild wesentlich verändert hat, müssen die Differenzen klar sein, wenn man biblische Wundergeschichten verstehen will. Was an ihnen mirakelhaft erscheint, verweist auf die weltbildhafte

---

[2] *Siehe auch Siegfried Wibbing, in: Ulrich Becker, Siegried Wibbing, Wundergeschichten. Handbücherei für den Religionsunterricht, Heft 2, Gütersloh 1965, S. 9–11.*

Gebundenheit der neutestamentlichen Zeugen. Christen, die sich Wunder von Jesus erzählen, sehen in diesem Mirakelhaften nicht das entscheidende an den Wundergeschichten. Doch kommt für sie in dieser Unmittelbarkeit ein Machterweis Gottes zum Ausdruck, der zum Glauben gehört, ohne daß sie der damit stets gegebenen Gefahr des Mißverständnisses erliegen: Sie haben entschlossen die Wundergeschichten als Glaubensgeschichten interpretiert. Nicht das Wunder beweist den Glauben, sondern der Glaube erkennt das Wunder auch in einem mirakelhaften Gewand als Tat Gottes. Taten Gottes im Leben des Menschen, die als Geheimnis der Macht Gottes im Wunder geschehen, sind nicht aus der Position des Zuschauers, gleichsam 'objektiv', feststellbar, anschaubar – auch das halten die synoptischen Wundererzählungen bereits fest –, sondern werden in eigener Glaubenserfahrung erkannt. Nur so werden sie zu Zeichen der Gottesherrschaft im menschlichen Leben."[3]

Die beiden in dieser Einheit gewählten Heilungsgeschichten zeigen exemplarisch das Handeln Jesu am Menschen. Im physischen und übertragenen Sinne heilt Jesus die Gebrechen der Menschen, die ihm als Hörende und Empfangende begegnen.

Die Problematik der *Gleichnisse* soll hier nur angedeutet werden. Es gibt eine Reihe unterschiedlicher Darstellungsformen im Bereich der Gleichnisse. Eta Linnemann stellt sie in ihrem Buch anschaulich dar.[4] Wichtig bei allen Gleichnisformen ist der Beispiel- und Bildcharakter. Es geht nicht um die Inhalte innerhalb der Gleichnisse selbst. Sie wollen vielmehr auf etwas anderes hinweisen. Entscheidend ist also, den "springenden Punkt", das "tertium comparationis" herauszulösen, damit die Tendenz Jesu verstehbar wird. So geht es z.B. beim Gleichnis vom guten Hirten um die Frage des einzelnen Verlorenen und die Freude über das Wiederfinden. Was mit den übrigen 99 Schafen geschieht, ist nicht im Blick des Erzählers. Dieses Gleichnis hat apologetischen und belehrenden Charakter. Der Rahmen, die Auseinandersetzung Jesu mit den Pharisäern und Schriftgelehrten über sein Handeln an den Ausgestoßenen, ist mitzusehen. "Der Vergleichspunkt der Gleichnisse vom Verlorenen (Lk 15,1–10) ist die Freude des Wiederfindens. Wenn Jesus diese Gleichnisse jenen erzählt, die protestieren, weil er sich mit Verlorenen abgibt, dann spricht er die Situation an als den Augenblick des Wiederfindens, in dem man sich freuen muß."[5]

In diesen Gedankengang gehört auch das biblische Beispiel vom Zöllner Zachäus. Es ist in der Religionspädagogik oft aufgegriffen worden und erscheint fast schon zu banal. Dennoch gibt es Inhalte, an denen man in bestimmten Kontexten nicht

---

[3] *Ebd. S. 10.*

[4] *Eta Linnemann, Gleichnisse Jesu. Einleitung und Auslegung,* Göttingen [5] *1969.*

[5] *Ebd. S. 34.* Vgl. auch: W. Neidhart, *Das Erzählen von Wundergeschichten. Das Erzählen von Gleichnissen, Beispielgeschichten und Einzelworten,* in: W. Neidhart, H. Eggenberger, *Erzählbuch zur Bibel,* Zürich-Köln, Lahr [2] *1976, S. 85–113.*

vorbei kann. Sicher lassen sich Geschichten mit ähnlichen Aussagen finden. Doch warum die Scheu vor der Wiederholung? Solche vielgewählten Themen haben mittlerweile einen ganzen Pool von Medien um sich, aus denen mancherlei Variationen in der Methode und in der Intention gewählt werden können. Bei der Wahl dieser konkreten Geschichte vom Zöllner Zachäus ist die etwas lustige Aussage der Bibel nicht zu unterschätzen, daß Zachäus zu klein war und Jesus nicht sehen konnte. Von hierher ergeben sich unausgesprochene, aber tief verwurzelte Identifikationen der Schüler. Sie selbst sind auch für viele Situationen zu klein. Die Pfiffigkeit des Zachäus bestärkt sie und gibt ihnen die Ahnung, daß trotz ihres Kleinseins vieles zum Guten möglich ist.

Neben den Handlungen Jesu erscheint es notwendig, den Schülern die "Vorgeschichte" Jesu im Auftreten Johannes des Täufers anzudeuten. Das Volk erwartete (vgl. auch den Entwurf 3 "Die Weihnachtsbotschaft") den Retter seit Jahrhunderten, Johannes kündigte ihn als bald kommenden an. Seine Predigt deckt sich weitgehend mit den Intentionen Jesu, der Johannes begegnet und danach in Galiläa auftritt und sein Wirken beginnt. Das Wort von der nahen Gottesherrschaft ist sein Programm. In diesem Lichte vollzieht sich sein Reden und Handeln.

Entwurfsziel

Die Schüler lernen Schwerpunkte von Jesu Reden und Handeln kennen: Sein Wirken begann auf Ankündigung Johannes des Täufers in Galiläa. Er erzählte den Leuten von der nahen Gottesherrschaft und heilte kranke Menschen. Jesu Einstellung zu leidenden und verachteten Menschen erkennen die Schüler und verstehen sie als Angebote der Liebe Gottes durch Jesus. Wo Jesus Menschen begegnet, ändert sich oder ändern sie ihr Leben.

C Unterrichtsverlauf

1. Stunde

Thema: Johannes der Täufer sagt zu den Menschen: Ändert euer Leben!

Lernintentionen: a. Die Schüler erfahren etwas vom Leben und Reden Johannes des Täufers.
b. Sie verstehen das Wort des Johannes von der Umkehr.

Inhalt	Methode/ Unterrichtsform	Medien/Materialien*
1. Der Lehrer zeigt den Schülern das Bild "Johannes der Täufer". Die Schüler erzählen zu dem Bild. Sie formulieren, was sie sehen und vermuten.	Bilderarbeitung freies Unterrichtsgespräch	Bild (Dia oder Wandbild) "Johannes der Täufer" von Thomas Zacharias; vgl. M 5, S. 40
2. Der Lehrer gibt Beobachtungshilfen. Er weist auf das Aussehen des Mannes hin. Die Schüler sollen sich zu der sandfarbenen Mittelfläche äußern und die Farbe qualifizieren. Es wird erwartet, daß Assoziationen zu "Wüste" genannt werden. Der blaue Streifen am rechten Bildrand wird ähnlich erschlossen. Besondere Aufmerksamkeit erfährt der Arm des Mannes, der in die Mittelfläche hineinreicht.	Bilderarbeitung gelenktes Unterrichtsgespräch	
3. In einer dritten Phase werden die vorangegangenen Aussagen zu einem Bedeutungsganzen zusammengefügt. Der tiefere Gehalt des Bildes wird erst jetzt explizit erhoben. Hier wird auch Bezug genommen auf das Thema des Bildes.	Bilderarbeitung gelenktes Unterrichtsgespräch	
4. Lehrer: So sah früher und sieht heute die Gegend aus, in der Johannes der Täufer lebte. Die Schüler äußern sich zu einem Foto des Jordanlaufes.	Lehrerdarbietung gelenktes Unterrichtsgespräch	Bild 65 aus "Neue Schulbibel-Diaserie"
5. Der Lehrer erzählt über das Leben, Predigen und Handeln Johannes des Täufers. Dabei werden das Jesaja-Wort "Bereitet dem Herrn den Weg..." (Mk 1,2f.), das Wort von der Umkehr und die Aufforderung zur Taufe besonders hervorgehoben.	Lehrererzählung	

Die genauen Angaben zu den in dieser Rubrik abgekürzt aufgeführten Büchern und Medien finden sich im Literaturverzeichnis S. 153.

Inhalt	Methode/ Unterrichtsform	Medien/Materialien
6. Die Schüler äußern sich zu der gehörten Erzählung. Sie knüpfen Verbindungen zum Bild "Johannes der Täufer" (Weg hat noch keine Spuren; er ist zum Begehen vorbereitet – Vergleich zur Sprunggrube beim Weitsprung...).	gelenktes Unterrichtsgespräch	
7. Der Lehrer gibt den Schülern ein Arbeitsblatt. Die Schüler sollen eine kleine Geschichte zu dem Bild schreiben. Dabei soll die Nutzlosigkeit des Baumes im Mittelpunkt stehen (vgl. Mt 3, 10; Lk 3,9).	Einzelarbeit Schreiben	Arbeitsblatt 8
8. Einige Schüler lesen ihre Texte vor.		

4

---

2. Stunde

Thema: Jesus in Galiläa.

Lernintentionen:
  a. Die Schüler lernen die Landschaft Galiläa in Bildern kennen.
  b. Sie hören von Jesu Auftritt in Galiläa.
  c. Sie erfahren, daß Jesus die nahe Gottesherrschaft ankündigt.
  d. Sie hören, daß Jesus Helfer braucht und Fischer dazu aussucht.

Inhalt	Methode/ Unterrichtsform	Medien/Materialien
1. Der Lehrer zeigt einige typische Landschaftsbilder von Galiläa. Die Schüler erzählen dazu.	gelenktes Unterrichtsgespräch	Bilder 54, 55, 56, 57, 83, 86 aus "Neue Schulbibel-Diaserie"
2. Lehrer: Von Jesus erzählt die Bibel vor seinem Auftreten in Galiläa nur wenig. Wir kennen die Weihnachtsgeschichte und eine Erzählung des 12jährigen Jesus. Nun ist Jesus etwa dreißig Jahre alt. Er sagt zu den Menschen: *Es ist soweit. Die Gottesherrschaft ist nahe. Gott hat die Menschen lieb. Hört auf meine Worte! Ich erzähle euch in neuen Worten von Gott.*	Lehrererzählung	

Inhalt	Methode/ Unterrichtsform	Medien/Materialien
3. Lehrer: Ich habe euch Sätze aus der Predigt Jesu an die Tafel geschrieben. Sprecht in eurer Gruppe darüber und überlegt im Anschluß daran "Umkehrgeschichten" (z.B. Vater hat sich auf dem Sonntagsausflug verfahren...). Euch ist es sicher schon einmal passiert, daß ihr umkehren wolltet oder mußtet. Wer sagte euch dies? Wie war euch zumute? Überlegt verschiedene Möglichkeiten. Hierbei geht es vor allem um das Erfahren der veränderten Situation nach der Umkehr. Der "rechte" Weg löst Freude aus.	Tafelanschrift Gruppenarbeit	Tafel Text "Es ist soweit..."
4. Ein Schüler jeder Gruppe berichtet kurz über die Gruppenergebnisse.	Schülerberichte	
5. Lehrer: Jesus braucht für seine Arbeit Hilfe. Er geht am See Gennesaret (Lehrer zeigt ein Bild) entlang und sieht Fischern zu, wie sie fischen (Lehrer zeigt ein Bild, wie ein Fischer ein Netz auswirft). Er geht auf sie zu und spricht sie an. Er erzählt ihnen von seinem Vorhaben und bittet sie, mit ihm zu gehen. Sie sollen Menschen fischen, d.h. helfen zu erzählen: Gott hat die Menschen lieb. Er ist wie ein guter Hirte. Er ist ein guter Vater.	Lehrerdarbietung	Bilder 54, 86 aus "Neue Schulbibel-Diaserie"; vgl. "Neue Schulbibel": Farbtafel 22, S. 193 Farbtafel 23, S. 208
6. Die Schüler äußern sich. Sie überlegen, welches Gespräch sich zwischen Jesus und den Fischern abgespielt haben könnte. Sie spielen einige Szenen. Das Spiel endet mit der Nachfolge der Fischer.	gelenktes Unterrichtsgespräch Rollenspiel	

3. Stunde

Thema: Jesus heilt einen gelähmten Mann (Mk 2,1–12).

Lernintentionen: a. Die Schüler erkennen, daß Jesus nicht nur predigt, sondern auch handelt: Er heilt z.B. kranke Menschen.
b. In Ansätzen verstehen sie, daß Jesus immer den ganzen Menschen heilt (Leib und Seele).

Inhalt	Methode/ Unterrichtsform	Medien/Materialien
1. Lehrer: Jesus geht mit seinen Freunden von Ort zu Ort. Er erzählt ihnen viel von Gott und sagt ihnen, wie gut es ist, Gottes Anweisungen zu beachten und seiner Liebe zu glauben. Oft halten sie irgendwo an und sprechen mit den Leuten des Ortes. Dabei redet Jesus nicht nur. Er hilft auch, wenn es nötig ist. Er heilt z.B. viele kranke Menschen. So war er wieder einmal in einem Dorf mit Namen Kafarnaum. Da kamen viele Menschen. Sie hatten schon einmal von Jesus gehört. Er erzählte ihnen vom Umkehren und von der Liebe Gottes. Alle standen dichtgedrängt um ihn herum. Der Lehrer erzählt die Geschichte von der Heilung des Gelähmten. Dazu zeigt er die entsprechende Diareihe von Kees de Kort. ▶ Der Lehrer liest zu den Bildern von Kees de Kort die Erzählung von der Heilung des Gelähmten nach dem Vorschlag von Dietrich Steinwede.	Lehrerdarbietung Lehrerdarbietung	"Neue Schulbibel" Farbtafel 21, S.192 Diareihe "Die Heilung des Gelähmten"; vgl. M 4, S.40 M 1: "Die Heilung des Gelähmten", Mk 2,1–12
2. Die Schüler äußern sich und erzählen die Geschichte mit ihren Worten wieder. (An dieser Stelle müßte ggf. die Sachproblematik des Hausbaus und vor allem die Funktion des Flachdaches besprochen werden.) In einem vertiefenden Gespräch werden etwa folgende Punkte bedacht: – Die Freunde des Gelähmten vertrauen auf Jesu Hilfe. – Jesus spricht *ihren* Glauben an. – Der Konflikt zwischen Schriftgelehrten und Jesus. – Jesus heilt den *ganzen* Menschen. Freude und Dankbarkeit über das Aufgerichtetsein im physischen und geistlichen Sinne gehören zusammen.	gelenktes Unterrichtsgespräch	
3. Lehrer: Was mag der geheilte Mann den Leuten wohl erzählt haben? Was mögen die Leute wohl gesagt haben? ▶ Lehrer: Was mag der geheilte Mann wohl getan haben? Malt dazu ein Bild.	gelenktes Unterrichtsgespräch Einzelarbeit bildnerisches Gestalten	Religionsheft, Farbstifte

4

Inhalt	Methode/ Unterrichtsform	Medien/Materialien

4. Stunde

Thema: Jesus heilt den blinden Bartimäus.

Lernintentionen: a. Die Schüler verstehen den Doppelsinn des Wortes "Die Augen werden aufgetan" (physisches Sehen und Verstehen).
b. Sie erfahren von der sozialen Randstellung behinderter Menschen zur Zeit Jesu.

Inhalt	Methode/Unterrichtsform	Medien/Materialien
1. Die Malergebnisse der letzten Stunde werden kurz diskutiert.	gelenktes Unterrichtsgespräch	Schülerarbeiten
2. Der Lehrer gibt den Schülern ein Arbeitsblatt. Lehrer: Erzählt zu dem Bild. Die Schüler deuten die dargestellte Situation und fügen eigene Erfahrungen mit blinden Menschen an.	gelenktes Unterrichtsgespräch	Arbeitsblatt 9
3. Lehrer: Wir wollen einige "Blindenspiele" durchführen. – Die Schüler bewegen sich mit verbundenen Augen durch die Klasse. Sollte die Klasse zu groß sein, wird sie in zwei Hälften eingeteilt. Zuerst spielt die eine Hälfte, nach etwa fünf Minuten die zweite. Die Schüler sprechen ihre Empfindungen aus: Unsicherheit, Anstoßen, Orientierungsschwierigkeit. – Ein Schüler führt einen "blinden" Mitschüler. Dieser hat die Augen verbunden. Ein Wechsel erfolgt nach etwa zwei Minuten. Der Führende wird Geführte. Dieses Spiel kann man sinnvoll räumlich auf das ganze Schulgebäude ausdehnen. Beide Schüler erzählen von ihren Empfindungen.	Spiele gelenktes Unterrichtsgespräch	Tuch oder Schal
4. Die übrigen Schüler schalten sich in das Gespräch ein. Es werden vor allem die Mängel formuliert, die zu negativen Empfindungen führten. Ohne menschliche Unterstützung sind Blinde u.U. hilflos.	gelenktes Unterrichtsgespräch	
5. Lehrer: Bei uns wird viel für Menschen mit solchen Behinderungen getan. Es gibt Sonderschulen für Sehgeschädigte. Dort lernen die Menschen mit Hilfe der Blindenschrift lesen. Sie trainieren andere Sinne, wie z.B. das Tasten. Sie können bestimmte	Lehrerdarbietung	

Inhalt	Methode/ Unterrichtsform	Medien/Materialien
Arbeiten verrichten, mit denen sie ihren Lebensunterhalt verdienen können. Zur Zeit Jesu waren die blinden Menschen arm dran. Für sie gab es keine Arbeit. Sie waren auf die Almosen der anderen Menschen angewiesen. Sie saßen auf Marktplätzen und belebten Straßen und bettelten. Ein Blinder, mit Namen Bartimäus, hatte davon gehört, daß Jesus vorbeikäme. Der Lehrer erzählt die Geschichte von der Heilung des blinden Bartimäus mit Hilfe der Bildreihe von Kees de Kort.		Diareihe "Bartimäus"; vgl. M 4, S. 40
6. Die Schüler äußern sich. In einem vertiefenden Gespräch werden einige Bilder näher angeschaut. Es geht vor allem um das Nachempfinden der Not des Bartimäus. Jesus hilft, und Bartimäus öffnen sich im physischen und übertragenen Sinne die Augen. Hier sollte versucht werden, die Schüler zu sensibilisieren für das Verständnis des Satzes: "Mir gehen die Augen auf" oder "Mir geht ein Licht auf".	gelenktes Unterrichtsgespräch	
7. Die Schüler erhalten ein Arbeitsblatt. Sie formulieren in Partnerarbeit Erklärungen zu den Bildern und schreiben sie auf.	Partnerarbeit Schreiben	Arbeitsblatt 10
8. Einige Schüler lesen ihre Texte vor. Im Gespräch wird eine Unterschrift zum dritten Bild erarbeitet, etwa: Bartimäus konnte wieder sehen. Er begriff: Gott hat an mir gehandelt.	Schülerberichte gelenktes Unterrichtsgespräch Schreiben	

4

5. Stunde

Thema: Jesus erzählt die Geschichte vom guten Hirten.

Lernintentionen: a. Die Schüler verstehen das Gleichnis.
b. Sie erkennen, daß es Jesus besonders um die Menschen geht, die am Rande stehen.

Inhalt	Methode/ Unterrichtsform	Medien/Materialien
1. Der Lehrer zeigt das Bild "Der gute Hirt". Die Schüler äußern sich. Im Gespräch werden die Situation der Schafherde, des einen fortgelaufenen Schafes und die Person des Hirten besonders bedacht. Der Hirte geht dem einen nach, das in Gefahr ist. Er läßt die übrigen zurück. Sie befinden sich als Herde in relativer Sicherheit. Das eine Schaf gehört zur Herde. Der Hirte gibt es nicht auf. Die Beziehung wird durch die Farbe deutlich. Der Lehrer sollte in dieser Phase sensibel für emotionale Äußerungen der Schüler sein.	Bilderarbeitung gelenktes Unterrichtsgespräch	Bild (Dia oder Wandbild) "Der gute Hirt" von Thomas Zacharias, vgl. M 5, S. 40
2. Die Schüler erhalten ein Arbeitsblatt, auf dem die Geschichte vom guten Hirten in Comic-Form dargestellt ist. Sie bekommen die Aufgabe, für jedes Bild eine Bildunterschrift zu formulieren. Die Sätze zusammengenommen bilden dann eine fortlaufende Geschichte.	Einzelarbeit Schreiben	Arbeitsblatt 11
3. Die Schüler lesen ihre Ergebnisse vor. Möglichst viele kommen zu Wort.	Schülerberichte	
4. Möglicherweise bilden die Geschichten zwei unterschiedliche Sichtweisen: das verlorene, weggelaufene Schaf – der gute, dem Schaf nachgehende Hirt. Sollten diese beiden Sichtweisen aus den Schüleräußerungen ableitbar sein, schreibt der Lehrer beide nebeneinander an die Tafel. Wenn das nicht der Fall ist, formuliert sie der Lehrer: das weggelaufene Schaf – der gute Hirte. Die Schüler überlegen, welche Sichtweise angemessener sei.	gelenktes Unterrichtsgespräch Tafelanschrift	Tafel, Kreide
5. Die Schüler hören das Lied "Ich hab' von einem Mann gehört". Sie lernen die erste Strophe. Wenn die Schallplatte nicht erreichbar ist, singt der Lehrer das Lied oder spielt es mit einem Instrument vor.	Liederarbeitung gemeinsames Singen	M 2: Schallplatte

Inhalt	Methode/ Unterrichtsform	Medien/Materialien

6. Stunde

Thema: Jesus ißt mit dem Zöllner Zachäus.

Lernintentionen: a. Die Schüler setzen sich mit der Empörung der jüdischen Gesetzeslehrer kritisch auseinander.
b. Sie erfahren ein weiteres Beispiel für Jesu Bemühen um die Verachteten.

Inhalt	Methode/Unterrichtsform	Medien/Materialien
1. Singen des Liedes "Ich hab' von einem Mann gehört" (1. Strophe).	gemeinsames Singen	M 2
2. Der Lehrer teilt ein Arbeitsblatt mit einem Sachtext über die Stellung der Zöllner zur Zeit Jesu aus. Die Schüler lesen diesen Text in Gruppen und überlegen, wie sie daraus eine kleine Spielszene gestalten können. Jede Gruppe stellt ihre Ergebnisse im Spiel dar. Die Darbietungen werden von den Schülern kurz kritisiert.	Gruppenarbeit Rollenspiel	Arbeitsblatt 12: Zachäus im Zollhäuschen
2. Der Lehrer erzählt die Geschichte von der Begegnung Jesu mit dem Zöllner Zachäus (evtl. mit Hilfe der Bildreihe "Zachäus" von Kees de Kort).	Lehrerdarbietung	evtl. Diareihe "Zachäus"; vgl. M 4, S. 40
▶ Der Lehrer stellt das Hörspiel "Zachäus" vor.	Hörspiel	M 3: Schallplatte "Zachäus"
3. Die Schüler äußern sich und nehmen Stellung zu der Handlungsweise Jesu.	gelenktes Unterrichtsgespräch	
4. Lehrer: Ich singe euch ein Lied vor. Es erzählt die Geschichte von Zachäus. Die Schüler lernen die erste Strophe und die Melodie des Liedes. Der Lehrer verteilt ein Blatt mit dem Liedtext.	Liederarbeitung gemeinsames Singen	M 4: Lied "Zachäus" Liedtext
5. Die Schüler lernen den Text des Liedes zu Hause auswendig.	Hausaufgabe	

D Medien

M 1

"Die Heilung des Gelähmten"
Markus 2,1–12

Jesus predigte in Galiläa. Und er kam nach Kapernaum. Er war schon vorher dort gewesen. Nun kam er wieder zurück. Und schon erzählten sie überall: Er ist in dem Haus, wo er immer bleibt.
Da kamen die Menschen von überall her. Sie wollten ihn hören. Sie liefen zum Haus. Sie drängten hinein von allen Seiten. Und schon war das Haus ganz voll. Sie saßen und standen in allen Ecken. Und Jesus sprach zu ihnen. – Und immer neue drängten herbei. Da war kein Platz mehr, auch nicht vor der Tür.
Und da, da kamen noch vier Männer mit einem lahmen Mann. Sie trugen ihn auf einer Matte. Der Mann war ganz gelähmt. Sie wollten ihn zu Jesus bringen. Sie dachten: Jesus hilft.
Doch sie kamen nicht ins Haus hinein. Zu viele waren vor der Tür. Sie wollten es aber. Sie wollten zu Jesus. Doch keiner ließ sie durch.
Da gingen die vier um das Haus herum. Dort war eine Treppe, die führte aufs Dach. Das Dach war flach. Und sie nahmen den Kranken und trugen ihn aufs Dach. Und oben fingen sie an zu graben. Sie kratzten den Lehm aus der Decke. Sie zogen Zweige und Schilf hervor, das Flechtwerk zwischen den Balken. Sie gruben hindurch, durchbrachen das Dach. Sie machten ein großes Loch. Und sie ließen das Bett mit dem Lahmen herab, gerade vor Jesus hin.
Da lag er vor Jesus, vor seinem Herrn. – Und Jesus sah auf zu den Männern. Er sah ihren Glauben: Ich soll ihm helfen. Sie glauben, ich kann es. Sie hoffen auf mich. – Es wird ihm geholfen. Und Jesus sprach: Mein Kind, deine Sünden sind dir vergeben.
Was war das? Sie staunten: Was sagt er da? Seine Sünden sind ihm vergeben? Warum sagt er nicht: Stehe auf und gehe? – Die Menschen wunderten sich. Es saßen da aber auch Schriftgelehrte. Die machten sich ihre Gedanken: Kann er denn das? Darf er das sagen: Mein Kind, deine Sünden sind dir vergeben? Was redet er so. Das kann doch nur Gott, nur Gott kann die Sünden vergeben. Wenn Jesus das sagt, dann will er wie Gott sein. Dann lästert er Gott. – Der lästert.
Aber Jesus merkte ihre Gedanken. Denn er wußte wohl, was im Menschen ist. Da sprach er zu ihnen: Was denkt ihr da? Ihr denkt, ich lästere Gott? Ihr denkt, ich kann keine Sünden vergeben? Ich kann es doch. Gott gibt mir die Macht. Was ist denn leichter, zu diesem zu sagen: Deine Sünden sind dir vergeben. Oder ist es leichter, zu ihm zu sagen: Stehe auf, nimm dein Bett und gehe nach Haus?

Das eine ist ebenso schwer wie das andre. Und Gott kann beides. Das wißt ihr wohl.
Ihr aber sollt wissen: Ich kann es auch. Der Menschensohn hat Macht. Gott hat ihm die Macht dazu gegeben. Und daß ihr es wißt −, seht her: Und Jesus sprach zu dem lahmen Mann: Ich sage dir, stehe auf. Lahmer, ich sage dir, stehe auf und nimm dein Bett und gehe nach Haus.
Und seht, er stand auf. Er nahm sein Bett. Er ging hinaus vor ihnen.
Und sie erschraken, als sie das sahen. Entsetzen kam über sie: Er hat es getan. Gott hat es getan. Bei ihm ist Vergebung und Heil:
> Lobe den Herrn, meine Seele,
> und vergiß nicht,
> was er dir Gutes tut,
> der dir all deine Sünden vergibt
> und heilet all deine Krankheit (Ps 103,2−3).

Und alle sprachen untereinander: So etwas sahen wir nie.

aus: Dietrich Steinwede, Zu erzählen deine Herrlichkeit. Biblische Geschichten für Schule, Haus und Kindergottesdienst, Vandenhoeck & Ruprecht, Göttingen/ Pfeiffer, München 1976 (94. Tsd.), S. 47f.

4

M 2

"Ich hab' von einem Mann gehört"

aus: Wenn das Rote Meer grüne Welle hat. Neue geistliche Kinderlieder, Pädagogischer Verlag Schwann, Düsseldorf 1972 (17 cm − 3'15" − 45 UpM).
Diese Platte ist nur noch im Verleih (kirchliche Verleihstellen) erhältlich. Das Lied wurde in die folgende Langspielplatte übernommen:
Neue geistliche Kinderlieder, Pädagogischer Verlag Schwann, Düsseldorf 1976 (30 cm − 3'15" − 33 UpM).
Das Lied erzählt die Gleichnisse vom "Verlorenen Schaf" (1. Strophe), "Verlorenen Groschen" und "Verlorenen Sohn".
Melodie und Text finden sich auch in: Gerd Watkinson (Hg.), 9 x 11 neue Kinderlieder zur Bibel, Verlag Ernst Kaufmann, Lahr/Christophorus-Verlag, Freiburg i. Br., 1973, Nr. 36.

M 3

"Zachäus"

Ein Hörbild über Lukas 19,1–10, aus: Hörbilder für den Religionsunterricht an der Grundschule, Verlag "Junge Gemeinde", E. Schwinghammer KG, Stuttgart (17 cm – 11 Min. – 45 UpM).
Das Hörspiel stellt die bekannte Geschichte des Oberzöllners Zachäus nach Lk 19,1–10 dar. Er ist wegen seiner Steuermanipulation in der Stadt verhaßt. Eines Tages begegnet ihm Jesus und verändert sein Leben. Er versucht das zugefügte Unrecht wieder gutzumachen, indem er den Armen die Hälfte seines Besitzes schenkt und den Betrogenen das Geld zurückgibt.

M 4

"Zachäus"

Spiellied, in: Gerd Watkinson (Hg.), 111 Kinderlieder zur Bibel, Neue Lieder für Schule, Kirche und Haus, Verlag Ernst Kaufmann, Lahr/Christophorus-Verlag, Freiburg i.Br. ^{3}1970 (1968), Nr. 55, S. 67.
Das Lied erzählt die Geschichte vom Oberzöllner Zachäus. In den Anfangszeilen jeder Strophe wird er näher charakterisiert als "böser reicher – armer reicher – kluger kleiner – froher kleiner Mann".

5 Die Osterbotschaft

A Übersichtsplan

Thema	Inhalt in Stichworten	Verknüpfung zu anderen Themen
5.1 Jesus stirbt in Jerusalem am Kreuz	Zusammentragen von Gedanken zum Leben Jesu Passionsgeschichte in groben Zügen Interpretation des Bildes "Wächter am Grabe" Situation der Jünger nach Jesu Tod	
5.2 Zwei enge Freunde Jesu sind auf dem Weg nach Emmaus (Lk 34,13–35)	Interpretation des Bildes "Gang nach Emmaus" Erzählen der Emmaus-Geschichte Rollenspiele zur Emmaus-Geschichte	
5.3 Die Menschen erzählen: Jesus lebt	Geschichte "Ostern" (Lk 24,13–35) Erarbeiten und Singen der 1. und 3. Strophe des Liedes "Zu Ostern in Jerusalem"	
5.4 Die Auferstehung Jesu beseitigt Traurigkeit, sie bringt Freude	Lied "Zu Ostern in Jerusalem" Bild "Wächter am Grabe" Interpretation des Bildes "Auferstehung" Bildnerisches Gestalten des Phänomens "Weitererzählen"	3.1 Farben können etwas bedeuten
5.5 Die Geschichte vom Osterhasen	Geschichte "Von Osterhasen und Ostereiern" Osterfreude der Menschen Lied "Hört ihr's läuten"	
5.6 Die Osterbotschaft erreicht auch uns	Lied "Hört ihr's läuten" Piktogramme von Trägern der biblischen Osterbotschaft Bedeutung der Osterbotschaft heute	3.6 Die Weihnachtsgeschichte wurde bis zum heutigen Tag weitererzählt

B Theologisch-didaktische Überlegungen

Die drei großen christlichen Feste des Kirchenjahres Weihnachten, Ostern und Pfingsten spielen im Leben von Kindern eine besondere Rolle. Sie sind festliche Höhepunkte im Jahr. Ihnen sind jeweils zwei Feiertage gewidmet, die ihre herausragende Stellung aus den übrigen Festen des Jahres unterstreichen. Die eigentlichen Festtage werden zudem durch Ferienzeiten umrahmt, die nach den Festen benannt sind als "Weihnachts-", "Oster-" und "Pfingstferien". Die Tradition dieser Feste hat im Laufe der Jahrhunderte Formen entwickelt, die nicht immer primäre Beziehungen zu ihren Inhalten erkennen lassen. Sie haben zwar zumeist irgendwo und irgendwie einen oder mehrere symbolische Bezugspunkte, treffen aber nicht mehr das Zentrum der Botschaft, die das Fest ursprünglich prägte.
Da die gewachsenen Formen für Kinder attraktiv sind und zum Teil besonders auf sie eingehen, ist es fast zwangsläufig, daß Kindern die eigentlichen Fragen um die Gehalte der Feste verdeckt oder nicht vorhanden sind. Dies gilt besonders für Weihnachten und Ostern. Pfingsten ragt durch seine Feiertage und Ferien hervor, weniger durch seine Inhalte. Es hat eine Randstellung unter den drei großen Festen des Kirchenjahres. Möglicherweise auch, weil darumherum kaum Feierformen gebildet wurden, die über den ursprünglichen Sinn hinausgehen. Unterstreichen läßt sich diese Annahme durch eine kurze Befragung einer dritten und vierten Primarklasse in Dortmund. Die Schüler sollten die großen Feste des Kirchenjahres nennen und ihre Bedeutung skizzieren. Kein Schüler kannte Pfingsten als drittes Fest. Niemand wußte auch nur annähernd den Sinn anzugeben. Auf die Frage, warum die Schüler so wenig darüber wüßten, antworteten sie: Da gibt es ja keine Geschenke.
Im Mittelpunkt von Weihnachten steht für Kinder das Schenken oder Beschenktwerden. Viele große und kleine Wünsche werden erfüllt. Hoffen und Sehnen nach Wunscherfüllung prägen die Emotionen der Kinder in der langen Advents- und in der unmittelbaren Vorweihnachtszeit. Die erfüllten Erwartungen lösen solche Freudenstürme aus, daß eine Hinlenkung zum eigentlichen Thema von Weihnachten nur in kleinen Ansätzen gelingt. Überdies haben Lesen der Weihnachtsgeschichte, Singen und Hören von Weihnachtsliedern in vielen Familien keinen Raum mehr.
Ostern ist für Kinder das Fest des Osterhasen und der Ostereier. Dieser alte Brauch hat vordergründig mit der Botschaft von der Auferstehung Jesu von den Toten nichts zu tun. Hier überlagern noch stärker als bei Weihnachten sekundäre Elemente die eigentlichen Aussagen, die das Fest erst entstehen ließen. Dies ist um so bedauerlicher, als gerade das Osterfest als größtes christliches Fest in das Zentrum christlicher Botschaft führen will. Wer beim Verstehen von Ostern nur den Osterhasen und Ostereier kennt, dem ist der Zugang zum Verständnis der Auferstehung von vornherein verwehrt oder zumindest erschwert.

Es ist oft schwer klarzumachen, daß die Osterbräuche zunächst nur hinderlich sind, wenn man an den Kern der Botschaft gelangen will. Außer acht gelassen werden dürfen sie wiederum auch nicht, weil sie nun einmal existieren und weite Verbreitung gefunden haben. Es ist die Frage, welchen methodischen Zugang man wählt, um beide Bereiche sinnvoll aufzuhellen und in den notwendigen Bezugsrahmen zu bringen.

Da die Geschichten um Osterhasen, Ostereier und andere Osterbräuche durch jahrhundertelange Tradition tief verwurzelt sind, müssen sie vor allem in der Primarstufe aufgegriffen werden. Dazu sagt Eta Linnemann in der Einleitung zu einer Unterrichtseinheit für das zweite Schuljahr: "Ostern steht den Kindern als das Fest des Osterhasen und der Ostereier vor Augen – das ist die Voraussetzung, von der wir auszugehen haben. Der Religionsunterricht kann nicht von ihr absehen, sondern muß sie gleichzeitig mit der christlichen Deutung des Osterfestes zur Sprache bringen."[1] Gibt man der Beschäftigung mit den Bräuchen jedoch zu viel Raum, dann besteht die Gefahr, daß die Schüler nicht mehr zu motivieren sind, sich mit der Osterbotschaft der biblischen Texte auseinanderzusetzen.

Die Botschaft von der Auferstehung Jesu bildet das Zentrum christlicher Verkündigung. Damit sind besondere Sorgfaltspflichten bei der Vermittlung ihrer Gehalte gegeben. Dieser Anspruch erfordert Redlichkeit im Umgang mit der Überlieferung. Genau hier bauen sich seit je Barrieren auf, die nur mit Mühe zu überwinden sind. Der Weg zu den biblischen Texten und die Hoffnung, dort letzte Aufschlüsse zu finden, führen zu keinen klaren, eindeutigen Ergebnissen. Dennoch kann jeder, der Klarheit sucht, nur diesen Weg gehen.

Es wird in der neutestamentlichen Wissenschaft unermüdlich betont, daß die Auferstehung kein historisches Faktum ist, das mit den Methoden der Geschichtswissenschaft begreifbar wäre. Die überlieferten Bibeltexte, die von der Auferstehung zeugen, sind keine Tatsachenberichte. Niemand hat ein Protokoll von einem Auferstehungsgeschehen geschrieben. Alle Darstellungen wollen erzählen oder bekennen: Jesus ist nicht tot, er lebt, er ist auferstanden. So reichen denn auch kurze Bekenntnisse, die dieses formulieren, in die ältesten Traditionsschichten hinein. Das wohl älteste Zeugnis findet sich beim Apostel Paulus in 1 Kor 15,3ff. Es ist das älteste und zugleich ausführlichste Bekenntnis. Paulus hat es wahrscheinlich übernommen. Der Vokabelbestand weist jedenfalls auf außerpaulinische Quellen hin.[2] Hier ist von Erscheinungen des Auferstandenen die Rede. Er erschien nach diesem Bekenntnis zuerst dem Petrus, dann den zwölf Jüngern, 500 Brüdern zugleich, dem Jakobus, allen Aposteln und zuletzt dem Paulus. Über diese

---

[1] *Ostern. Eine fächerübergreifende Unterrichtseinheit für das zweite Schuljahr, in: Heinz Grosch (Hg.), Religion in der Grundschule. Didaktische Reflexionen, Entwürfe und Modelle, Frankfurt/M. – Düsseldorf, ²1971, S. 281.*

[2] *Vgl. Hermann Koch, Ostern im Religionsunterricht der Primarstufe, der Orientierungsstufe, der Sekundarstufe I, Reihe: Projekte und Modelle zum Dialog mit der jungen Generation, Band 10, Stuttgart 1975, S. 17.*

Bekenntnisse hinaus, die von den Erscheinungen des auferstandenen Jesus sprechen, gibt es eine Reihe von Erscheinungsgeschichten, von denen die Emmaus-Geschichte von Lk 24,13—35 in dieser Einheit ausgewählt wurde.
Die Urgemeinde war in ihren Anfängen mancherlei Schwierigkeiten ausgesetzt. Sie bildete sich noch unter der Herrschaft des Römischen Reiches, unter der Jesus als Unruhestifter hingerichtet wurde. Die aufgehende Bewegung wurde sorgfältig beobachtet und bereits früh massiv bekämpft. Die Christenverfolgungen, unter Kaiser Nero auf dem Höhepunkt, zeugen hinreichend davon. Darüber hinaus bereitete die Sache des Evangeliums selbst erhebliche Probleme. Nicht jeder gab sich mit kurzen Bekenntnisformeln zufrieden, sei es, daß gläubige Christen einfach mehr erfahren wollten von den Inhalten der Botschaft, sei es, daß die Zeugnisse der Gläubigen von Zweiflern oder Gegnern abgewiesen wurden, weil sie zu wenig Klarheit und Durchschaubarkeit enthielten. Wer glaubt schon auf Bekenntnisformeln und "Sprüche" hin? Unter diesen Zwängen versuchten die Verkündiger und späteren Schreiber die Grundgedanken in Erzählungen zu fassen, die anschaulich waren und klarere Vorstellungen ermöglichten. Wie wäre sonst die Anzahl der unterschiedlichen, zum Teil widersprüchlichen Aussagen zu den Geschehnissen nach Jesu Tod zu verstehen? "Lukas konzentriert alle Erscheinungen des Auferweckten in Jerusalem oder in der Nähe der Heiligen Stadt (Emmaus). Bei Mattäus und Johannes dagegen gibt es Ostererscheinungen in Jerusalem und Galiäa. Nach dem Bericht des Markus weist der Engel die Jünger nach Galiläa. 'Dort werdet ihr ihn sehen' (16,7)."[3]
Neben den Erscheinungsgeschichten, die vom Auferstandenen zeugen, gibt es einige Grabesgeschichten, die erzählen, daß Jesu Grab leer war. Aber auch hier finden sich Abweichungen unter den Evangelisten. Bei Markus sind es drei Frauen, Maria aus Magdala, Maria, die Mutter von Jakobus und Joses, und Salome. Ihnen begegnet in der Grabeshöhle ein Jüngling mit weißem Gewand (Mk 16,1—8). Nach Mattäus gehen zwei Frauen zum Grab, Maria aus Magdala und Maria. Die Frauen treffen einen Engel, "Sein Aussehen aber war wie der Blitz und sein Kleid weiß wie der Schnee" (Mt 28,3, nach der Zürcher Übersetzung). Lukas erzählt von Frauen (später nennt er Maria aus Magdala, Johanna, und Maria, die Mutter von Jakobus); ihnen begegnen zwei Männer im blitzenden Gewand (Lk 24,1—11). Diese Andeutungen mögen genügen, um die Vielschichtigkeit und Vielgestalt der Ostertexte zu charakterisieren. Hinzu kommt, daß alle Texte — Formeln des Bekenntnisses wie Erzählungen — aus dem Munde gläubiger Menschen stammen, die also im modernen historischen Sinne befangen sind, wenn es um die Aufhellung historischer Fakten geht.
Solch ein Fazit könnte zur Resignation führen. Wenn nichts sicher erscheint, woran soll man dann noch glauben? Hier geben gerade die meisten neutestamentlichen Wissenschaftler, die dazu beigetragen haben, daß zumindest kurzfristig Verwirrung aufkam, eine klare Antwort: Historische Fakten sind immer mehrdeutig. Das

[3] *Koch, a.a.O. S. 18.*

leere Grab beweist z.B. zunächst noch nichts. Die These vom Stehlen des Leichnams kann darum genauso entfaltet werden wie der Versuch, das Auferstehen Jesu in einen Körper (wie auch immer gestaltet) zu belegen. Beweisen lassen sich beide Thesen nicht.
Glücklicherweise helfen die neuen Erkenntnisse weiter. Allen Bekenntnissen und Erzählungen liegt eine klare Botschaft zu Grunde: Jesus lebt. Jesus ist nicht mehr tot. Jesus ist auferstanden von den Toten. Daran knüpft sich die Aufforderung: Geht und erzählt davon! Das ist bis auf den heutigen Tag geschehen. Die Botschaft von der Auferstehung *ist* nicht durch Hinterfragen und Bezweifeln verschüttet worden. Sie hat sich erhalten bis heute. "Die Gewißheit, daß der Herr lebt, stützt sich nicht auf Vorgänge am Ostermorgen und auf das leere Grab, sondern einzig auf die Glaubensbezeugung der ersten Jünger. Wir sind auf das angewiesen, was die Jünger als Zeugen verkündet haben. Dieses Zeugnis, ihre Behauptung, Jesus habe sich ihnen gezeigt, und ihr Glaube daran sind historisch unbezweifelbar. Aber die Auferstehung als solche läßt sich im Sinne historischer Faktizität nicht beweisen. Alle Versuche, den Glauben durch Beweise zu umgehen, müssen scheitern."[4]
Als die Jünger den Tod Jesu erlebt hatten, gingen sie bedrückt und enttäuscht fort. Sie sahen ihren Weg mit Jesus beendet, seine Mission gescheitert. Wie konnte es nur wenige Tage nachher zu der totalen Wende kommen? Das Suchen im psychologischen Bereich erscheint nicht einleuchtend. Das Besinnen auf die Sache Jesu, sie weiterzuführen, sie als sinnvoll erkannt zu haben – das als Erklärung für den Umschwung der Jünger leuchtet angesichts der tiefen Verzweiflung nicht hinreichend ein. Es muß mehr geschehen sein. "Die Auferstehung ist ein Geschehen ganz und gar eigener Art, für das es keine menschliche Vorstellung gibt. Sie sprengt die Kategorien des historischen Verstehens und übersteigt alle rein menschlichen Ausdrucksmöglichkeiten. Es gibt auch für uns keinen anderen Zugang zur Osterwirklichkeit als den Glauben."[5]
Genau diesen Gedanken sehen wir hervorragend dargestellt im Auferstehungsbild von Alfred Manessier. Voraus geht u.a. das Bild "Wächter am Grabe". Darin scheint alles seine Ordnung zu haben. Jesus ist tot; er ist begraben; das Grab ist geschlossen und bewacht; ein Entrinnen scheint es nicht zu geben. Aber Sprengen aller Gewalten und Vorstellungen, Explosion des vorher Festgeschriebenen – das war die Eröffnung eines neuen Weges. Didaktisch sind diese beiden Bilder besonders als Kontrastbilder eine große Hilfe, Schüler eines dritten Schuljahres ein wenig an das Ostergeschehen heranzuführen. Sie werden zunächst auf die vermeintlich endgültige Lösung des Falles Jesus von Nazaret in der verschlossenen und bewachten Grabeshöhle hingewiesen. Ergänzend erzählt der Lehrer noch einmal, wie es dazu kam. Bereits in der zweiten Stunde jedoch werden sie von der Auferstehung erfahren.

[4] *Friedrich Dietz, Joseph Koep, Dieter Wagner, Ostern. Modelle für Unterricht und Gottesdienst, Würzburg 1974, S. 11f.*

[5] *Ebd. S. 13.*

Die Geschichte der Emmaus-Jünger steht im Rahmen von zwei Stunden, in denen vor allem dargestellt wird, daß es auf die Begegnung mit dem Auferstandenen ankommt, wenn Glauben geweckt werden soll. Glaube drückt sich vor allem in Veränderungen des Lebens aus.
Die Bräuche von Ostern, hier exemplarisch dargestellt im Osterhasen und in den Ostereiern, werden dargeboten, zugleich aber wird der Symbolgehalt erarbeitet, der auf die Auferstehung hinweist. Schließlich muß auch gefragt werden, wie die Botschaft zu uns kam und was sie für uns zu bedeuten hat. In der Auseinandersetzung mit der Geschichte "Ostern" von Christoph Kunze wird diese Frage anklingen, explizit aber erst in der letzten Stunde. Ohne den Bezug zur Gegenwart der Kinder ist jeder Unterricht fragwürdig. So schwierig eine Übertragung der Osterbotschaft ohne tiefste Einsichten in die Texte und Aussagen der ersten Zeugen auch sein mag, so notwendig ist es, Übertragungen in das Heute zu versuchen, damit den Kindern die Bedeutung des Evangeliums in ihrem Leben deutlich wird. Hier handelt es sich schließlich um zentrale Fragen christlichen Glaubens.
In einem dritten Schuljahr können nur begrenzt Texte zur Sprache kommen. Versucht wird die Textbegegnung indirekt durch die zweimal erzählte Geschichte der Emmaus-Jünger. Vergleiche historischer Texte mit dem Schwierigkeitsgrad der Osterüberlieferung sind noch eine Überforderung für Kinder der Primarstufe, zumal es sich um so gewichtige Fragen handelt, wie sie hier angerührt werden. Die Kerngedanken lassen sich jedoch vermitteln. Dazu gibt es mittlerweile auch Medien, die beides zugleich geleistet haben: Sie erzählen ein Stück die Zeugnisse der Urgemeinde nach und deuten sie bereits für unsere heutige Zeit. Zudem sind sie schon in den wesentlichen Bereichen für Schüler vom dritten Schuljahr an verstehbar. Ohne solche Hilfen wären die didaktischen Probleme nur schwer zu lösen. Man sollte auf sie keinesfalls verzichten.

Entwurfsziel

Die Schüler sollen erkennen, daß die Osterbotschaft vom auferstandenen Jesus das Leben der resignierten Jünger entscheidend veränderte. Sie sollen ferner sehen, daß Begegnungen mit dieser Botschaft bis heute Lebensveränderungen zur Folge haben können. Um die Kernbotschaft im Laufe der Jahrhunderte gewachsene Bräuche lernen die Schüler kennen und in ihrem Symbolgehalt verstehen.

C Unterrichtsverlauf

1. Stunde

Thema: Jesus stirbt in Jerusalem am Kreuz.

Lernintentionen: a. Die Schüler sollen in kurzen Zügen an die wichtigsten Stationen der Passionsgeschichte erinnert werden.
b. Sie sollen erkennen, daß der Tod Jesu nach menschlichem Ermessen das Ende seines Weges bedeutete.
c. Sie sollen die Ratlosigkeit der Jünger Jesu verstehen.

Inhalt	Methode/ Unterrichtsform	Medien/Materialien*
1. Lehrer: Ihr habt schon viel über Jesus gehört. Erzählt, was ihr wißt. Die Schüler tragen Gedanken und Erzählungen möglichst frei zusammen.	möglichst freies Unterrichtsgespräch	
2. Lehrer: Ihr habt sicher auch noch behalten, daß einige Leute Jesus gar nicht leiden konnten. Ihnen gefiel manches nicht, was er sagte und tat. Die Schüler erzählen vor allem von den Konflikten Jesu mit den Pharisäern und Schriftgelehrten.	gelenktes Unterrichtsgespräch	
3. Lehrer: Nach all den vielen Auseinandersetzungen waren Jesu Gegner doch stärker. Hier folgt nun die Erzählung der Passionsgeschichte in groben Zügen, die die wesentlichen Stationen hervorheben. Die Erzählung führt zu dem Bild "Wächter am Grabe" hin, das der Lehrer am Ende seiner Erzählung zeigt.	Lehrerdarbietung	M 1: Bild "Wächter am Grabe" von Alfred Manessier
4. Die Schüler äußern sich zu der Lehrerdarbietung und gehen vor allem auf das Bild ein. Im Gespräch wird das Bild interpretiert. Es sollte dabei die doppelt verschlossene Grabeshöhle besondere Beachtung finden (Stein und Lanzen). Das Grab scheint ein für allemal geschlossen zu sein.	Bilderarbeitung gelenktes Unterrichtsgespräch	

Die genauen Angaben zu den in dieser Rubrik abgekürzt aufgeführten Büchern und Medien finden sich im Literaturverzeichnis S. 153.

Inhalt	Methode/ Unterrichtsform	Medien/Materialien
5. Lehrer: Wie haben wohl die engsten Freunde auf Jesu Tod reagiert? Unterhaltet euch darüber mit eurem Nachbarn. Stellt euch das Gespräch von zwei Freunden Jesu nach seinem Tod vor. Schreibt zu zweit ein kleines Gespräch.	Partnerarbeit Schreiben	Religionsheft, Schreibzeug
6. Die Schüler berichten von ihrer Arbeit. Hier sollten möglichst viele Beispiele zur Sprache kommen.	Schülerberichte	Schülertexte

2. Stunde

Thema: Zwei enge Freunde Jesu sind auf dem Weg nach Emmaus (Lk 24,13–35).

Lernintentionen: a. Die Schüler sollen durch die Emmaus-Geschichte erkennen, daß das Leben der Jünger Jesu eine neue positive Wende erfährt.
b. Die Schüler sollen die Erscheinung des Auferstandenen als entscheidenden Faktor für die Lebensänderung erkennen.
c. Sie sollen dabei erfahren, daß tiefe Resignation und Freude nahe beieinanderliegen können.

1. Zur Einleitung lesen (spielen) einige Schüler ihre kurzen Dialoge aus der letzten Stunde vor. Hier sollen vor allem die Texte zur Sprache kommen, die vom resignierten Weggehen der Jünger reden.	Schülerberichte (Rollenspiel)	Schülertexte
2. Der Lehrer zeigt den Schülern den Farbholzschnitt "Gang nach Emmaus" von Thomas Zacharias. Die Schüler äußern sich frei.	Lehrerdarbietung freies Unterrichtsgespräch	Bild (Dia oder Wandbild) "Gang nach Emmaus", vgl. M5, S. 40
3. Der Lehrer weist die Schüler auf die unterschiedlichen Bildebenen hin. Die Schüler sollten sie formal nennen und erste Deutungsversuche machen.	gelenktes Unterrichtsgespräch	
4. Die drei Ebenen werden nacheinander in ihrer Farbsymbolik erschlossen und in ein Gehaltgefüge gebracht, das in dem Gegensatz zwischen unterer und oberer Ebene als Klammer zu der weiten Mittelfläche seine stärkste Aussage hat.	gelenktes Unterrichtsgespräch	

Inhalt	Methode/ Unterrichtsform	Medien/Materialien
In der weiten Mittelfläche finden sich alle Farbelemente zusammen. Es dominiert das Grün. Alle drei Ebenen sind durch den schmalen Weg verbunden.		
5. Der Lehrer erzählt die Geschichte von den Emmaus-Jüngern (Lk 24,13–35).	Lehrererzählung gelenktes Unterrichtsgespräch	
6. Die Schüler äußern sich zu der gehörten Geschichte. Sie beziehen sich im Gespräch auf das Bild.	freies Unterrichtsgespräch	
7. Lehrer und Schüler entwickeln im gemeinsamen Gespräch einige Gedanken für ein Rollenspiel. Im Mittelpunkt stehen die beiden gegensätzlichen Stimmungen der Jünger. Ratlosigkeit, Trauer – Staunen, Freude. Einige Szenenausschnitte könnten sein: – Die zwei Jünger auf dem Wege. Sie unterhalten sich über ihre Lage. – Ein Unbekannter gesellt sich zu ihnen. – Das Gespräch der drei Männer. – Die drei Männer essen gemeinsam in Emmaus. Die Jünger erkennen in ihrem Begleiter Jesus. Die Schüler spielen einzelne Szenenausschnitte oder die ganze Szene. Möglichst viele Schüler sollten zum Spiel kommen.	gelenktes Unterrichtsgespräch Rollenspiel	

3. Stunde

Thema: Die Menschen erzählen: Jesus lebt.

Lernintentionen: a. Die Schüler sollen durch die Geschichte aus den Tagen nach der Auferstehung Jesu erfahren, daß die Erzählungen vom Auferstandenen Menschen in Erstaunen versetzen.
b. Sie sollen dabei in Ansätzen erfahren, daß der Glaube an den Auferstandenen Veränderungen im Leben bewirkt.

1. Der Lehrer erzählt die Geschichte "Ostern" von Christoph Kunze.	Lehrerdarbietung	M 2: "Ostern"

Inhalt	Methode/ Unterrichtsform	Medien/Materialien

2. Die Schüler äußern sich zu der Geschichte. — freies Unterrichtsgespräch

3. Die wesentlichen Aussagen werden in einem Gespräch erarbeitet.
Das Gespräch entzündet sich vor allem am Schluß der Geschichte. Die Frage des Silas an Fabius wird intensiv bedacht und zu beantworten versucht.
Fazit könnte etwa sein: Wer den Erzählungen von Jesu Auferstehung glaubt, der ändert sein Leben; an ihm geschieht Veränderung. Wie diese aussieht oder aussehen kann, läßt sich nicht ein für allemal formulieren. Es können aber Möglichkeiten genannt werden, z.B. Situationen wie die, die Silas vorschlägt. — Erarbeitung der Geschichte / gelenktes Unterrichtsgespräch

4. Lehrer: Ein schönes Lied drückt aus, was Ostern damals und heute bedeuten könnte. Die Schüler lernen die erste Strophe des Liedes "Zu Ostern in Jerusalem". Der Lehrer singt es mehrere Male vor.
▶ Die Schüler lernen das Lied nach einer Schallplatte. — Liederarbeitung / gemeinsames Singen — "9 x 11 neue Kinderlieder" Nr. 78; vgl. auch M 3

Liederarbeitung — M 3: Schallplatte

5. Die Schüler erhalten nach dem Lernen der Melodie ein Blatt mit dem Text der ersten und dritten Strophe. Über den Text wird gesprochen. Die zweite Strophe des Liedes wird fortgelassen. Dabei handelt es sich um "Pfingsten".
Beim Gespräch über die dritte Strophe wird noch einmal formuliert, was in der Geschichte zur Sprache kam: Was könnte heute geschehen? Zum Schluß werden beide Strophen gesungen. — gelenktes Unterrichtsgespräch / gemeinsames Singen — Liedtext

6. Lehrer: Lernt den Liedtext zu Hause auswendig und klebt das Blatt in euer Religionsheft. — Hausaufgabe

Inhalt	Methode/ Unterrichtsform	Medien/Materialien

4. Stunde

Thema: Die Auferstehung Jesu beseitigt Traurigkeit, sie bringt Freude.

Lernintentionen: a. Die Schüler sollen durch die Gegenüberstellung von zwei Bildern den gewaltigen Gegensatz zwischen Jesu Tod und Auferstehung erkennen.
b. Sie erfahren vor allem in den Farben der Bilder, wie nahe Traurigkeit und Freude beieinanderliegen.
c. Sie sollen erkennen, daß die Botschaft von der Auferstehung durch Weitererzählen verbreitet wurde.

1. Singen des Liedes "Zu Ostern in Jerusalem".	gemeinsames Singen	M 3
2. Lehrer: Das Geschehen nach dem Tode Jesu ist im Laufe der vielen hundert Jahre bis auf den heutigen Tag oft gemalt worden. Jeder Künstler hat es anders verstanden und neu für seine Zeit dargestellt. Einen sollt ihr noch näher kennenlernen. Ein Bild habt ihr bereits von ihm gesehen. Der Lehrer zeigt das Bild "Wächter am Grabe". Die Schüler erzählen dazu.	Lehrerdarbietung freies Unterrichtsgespräch	M 1: "Wächter am Grabe"
3. Der Lehrer zeigt ohne Überleitung das Bild "Auferstehung". Die Schüler äußern sich zunächst frei. Im Gespräch werden die Kontraste näher erarbeitet und formuliert. Gehalt des Gesprächs könnte sein: Das Kreuzesgeschehen bedeutete für die Jünger zunächst das Scheitern Jesu. Sie gingen resigniert auseinander. Die Auferstehung änderte ihr Leben radikal. Sie kehrten zurück und erzählten öffentlich ohne Furcht vor Verfolgungen von der Sache Jesu.	Bilderarbeitung freies Unterrichtsgespräch, übergehend in ein gelenktes Unterrichtsgespräch	M 1: "Auferstehung" von Alfred Manessier
4. Lehrer: Jeder von euch soll einen Menschen darstellen, der zu einem zweiten redet. Den zweiten Menschen malt euer Nachbar. Schneidet als Partner die beiden Personen aus. Alle Figuren werden später auf ein großes Stück Tapete geklebt und als Fries aufgehängt. Denkt daran, daß ihr eure Personen groß genug malt.	bildnerisches Gestalten Malen, Schneiden, Kleben Partnerarbeit Gemeinschaftsarbeit	Zeichenblatt, Farbstifte, Schere, Klebstoff, Tapete, Tischunterlage

Inhalt	Methode/Unterrichtsform	Medien/Materialien
▶ Lehrer: Schneidet aus Transparentpapier ... (wie oben). Die ausgeschnittenen Figuren als Gesprächspartner werden auf ein möglichst großes Stück Pergamentpapier als Gemeinschaftsaufgabe der Klasse geklebt. Die Anzahl und Größe der Pergamentbögen richtet sich nach der vorhandenen Fläche der Fenster.	Schneiden, Kleben Partnerarbeit Gemeinschaftsarbeit	Transparentpapier, Pergamentpapier, Schere, Klebstoff Tischunterlage
5. *evtl.* Lehrer: Bringt zur nächsten Stunde Osterkarten, Osterhasen, Ostereier, Osternester... mit.	evtl. Hausaufgabe	

---

5. Stunde

Thema: Die Geschichte vom Osterhasen.

Lernintentionen: a. Die Schüler sollen die Geschichte vom Osterhasen kennenlernen.
b. Sie sollen die symbolische Bedeutung der Auferstehung Jesu in dieser Geschichte verstehen.

Inhalt	Methode/Unterrichtsform	Medien/Materialien
1. Lehrer: Erzählt noch einmal zu eurem Wandfries (Transparent). Die Schüler erzählen und nennen das Weitererzählen als wichtige Form der Überlieferung der christlichen Botschaft.	gelenktes Unterrichtsgespräch	Wandfries oder Transparent
2. Lehrer: Ihr habt vieles über das Erzählen der Osterbotschaft gesagt. Mir fällt auf, daß dabei der Osterhase oder Ostereier nicht vorkommen. Die Schüler äußern sich und erzählen zudem, was sie vom Osterhasen und von Ostereiern wissen.	gelenktes Unterrichtsgespräch	
▶ (s. 5. Lernschritt aus der 4. Stunde) Die Schüler haben Osterkarten, Osterhasen, Ostereier, Osternester... mitgebracht. Sie werden gebührend dargestellt und diskutiert.	gelenktes Unterrichtsgespräch	Osterkarten, Osterhasen aus verschiedenen Materialien, Ostereier, Osternester...
3. Der Lehrer liest die Geschichte vom Osterhasen vor. Die Schüler äußern sich.	Lehrerdarbietung freies Unterrichtsgespräch	M 4: "Von Osterhasen und Ostereiern"

Inhalt	Methode/ Unterrichtsform	Medien/Materialien

4. Im Gespräch wird die Entstehungsgeschichte des "Osterhasen" nachvollzogen. Besonderes Gewicht erhält jedoch die Osterfreude der Menschen damals und heute (keine Pacht mehr; frei vom Druck der Feudalherren; Freude über den Frühling; Osterbotschaft von der Auferstehung Jesu, von der Möglichkeit der Veränderung...). — gelenktes Unterrichtsgespräch

Hinweis: Osterhase und Ostereier umfassen nur Teilbereiche christlicher Osterbräuche und dienen hier als Beispiel. Im deutschsprachigen Raum sind sie am verbreitetsten. Es empfiehlt sich, in den verschiedenen geographischen Bereichen die jeweiligen bekannten Osterbräuche aufzugreifen und nach ihrem Sinn zu fragen. Der Ursprung des "Osterhasen" in der Darstellung von Anneliese Pokrandt ist *eine* Version. Eine andere geht auf die Germanenzeit zurück. So heißt es z.B. in einem Schülerarbeitstext der "Schönberger Hefte" 1/75 S. 16: "Bevor die Germanen (so nannte man früher die Bewohner Deutschlands) Christen wurden, verehrten sie viele Götter und feierten ihnen zu Ehren Feste. Dazu gehörte ein Frühlingsfest, das sie 'Ostern' nannten. Es war ein Auferstehungsfest, an dem sie die Auferstehung der Natur feierten. Sie glaubten, daß im Winter die Natur sterbe und im Frühjahr von der Frühlingsgöttin Ostara zu neuem Leben erweckt werde. Aus Dankbarkeit wurde sie an diesem Tag besonders verehrt. Ihr wurden bunte Hühnereier geopfert, denn sie galten als Symbol für keimendes Leben. Der Hase war wegen seiner vielen Jungen ihr Lieblingstier. Als das Christentum nach Deutschland kam, wurde aus dem 'heidnischen' Fest das christliche. Es ging nicht mehr um die Auferstehung der Natur, sondern um die Auferstehung Jesu. Eier und Hase wurden aber weiterhin zur Ausschmückung des Festes gebraucht. Es entstand das Märchen vom eierlegenden Osterhasen." So auch Eta Linnemann, Eine fächerübergreifende Unterrichtseinheit für das 2. Schuljahr, in: Heinz Grosch (Hg.) Religion in der Grundschule. Didaktische Reflexionen, Entwürfe und Modelle, Frankfurt/M, Düsseldorf, ²1971, S. 284–286.

5. Die Schüler lernen das Osterlied "Hört ihr's läuten" als Freudelied. Das Lied singt von der Osterfreude für die Welt. Der Lehrer verteilt nach dem Lernen der Melodie ein Blatt mit dem ganzen Liedtext.	Liederarbeitung gemeinsames Singen	"111 Kinderlieder" Nr. 83; siehe auch den Erarbeitungsvorschlag von Wolfgang Longardt, in: "Spielbuch Religion", Nr. 38 S. 112/113
6. Lehrer: Lernt den Liedtext zu Hause auswendig und klebt das Arbeitsblatt in euer Religionsheft.	Hausaufgabe	Liedtext

Inhalt	Methode/ Unterrichtsform	Medien/Materialien

6. Stunde

Thema: Die Osterbotschaft erreicht auch uns.

Lernintentionen: a. Die Schüler sollen noch einmal intensiv erfahren, daß die Botschaft Jesu von Menschen auf vielfältige Weise durch die Jahrhunderte tradiert wurde.
b. Sie sollen in Ansätzen die Bedeutung der Botschaft auch für ihr Leben erkennen.

1. Singen des Liedes "Hört ihr's läuten".	gemeinsames Singen	"111 Kinderlieder" Nr. 83
2. Lehrer: Die Botschaft: "Jesus lebt" wurde damals erst von den Jüngern, dann von vielen Menschen weitergesagt. Sie sagten immer wieder: Jesus ist nicht tot. Was er gesagt und getan hat, ist nicht vergebens gewesen. Es gilt auch heute noch. So kam die Jesus-Botschaft in viele Länder der Welt, auch nach Deutschland.	Lehrererzählung	
3. Der Lehrer gibt den Schülern ein Arbeitsblatt mit Piktogrammen der Medien, durch die das Evangelium verbreitet wurde. Die gleichen Abbildungen hat der Lehrer in einem Tafelbild vor der Stunde zusammengestellt. Er klappt die Tafel auf. Lehrer: Wir wollen einmal gemeinsam überlegen, mit welchen Mitteln die Botschaft von Jesus verbreitet wurde. Die Schüler sprechen zu den Piktogrammen. Der Lehrer schreibt die Ergebnisse in kurzen Sätzen oder Stichworten hinter die jeweiligen Zeichen. Die Schüler übertragen die Tafelanschrift auf ihr Arbeitsblatt. Dabei wartet der Lehrer möglichst mit dem Weitergehen zum nächsten Piktogramm, bis alle Schüler fertig sind.	gelenktes Unterrichtsgespräch Tafelanschrift Schreiben	Tafel, Kreide, Arbeitsblatt 13, Schreibzeug
▶ anstelle der Tafel Folie und Tageslichtschreiber verwenden	gelenktes Unterrichtsgespräch Folie Schreiben	Tageslichtschreiber Folie Faserschreiber evtl. Leinwand Arbeitsblatt 13

Inhalt	Methode/ Unterrichtsform	Medien/Materialien

4. Lehrer: Wir haben nun viel über die Verbreitung der Osterbotschaft geredet. In einer früheren Stunde erzählte ich euch die Geschichte vom Teppichknüpfer Fabius. Besonders beschäftigte uns das Schlußgespräch zwischen Fabius und seinem Freund Silas. Ich lese es euch noch einmal vor.
Der Lehrer liest die beiden letzten Abschnitte der Geschichte "Ostern" von Christoph Kunze. ("Lange Zeit"...)

                                                          Lehrerdarbietung   M 2: "Ostern", S. 367

5. Die Schüler äußern sich.
Im Gespräch wird vor allem Bezug genommen auf das Handeln Jesu, von dem die Schüler bereits gehört haben.
Ergriffensein von der Einstellung und vom Verhalten Jesu zu seinen Mitmenschen und vom Ergebensein in die Liebe Gottes, das sind Hauptinhalte auch der Predigt vom Auferstandenen. Veränderung durch Hineinnehmen dieser Einstellungen in sein Leben bedeutet auch noch heute "Fortgang der Sache Jesu". Insofern verkündet jeder: Jesus lebt.
Das Beispiel der Geschichte kann – je nach Länge des Gespräches – Ausgangspunkt für weitere Überlegungen auf der gleichen Ebene sein.
Leitfragen wären: Wie zeigt sich heute bei uns im Alltag die Botschaft "Jesus lebt"? Wo berührt sie uns in der Schule, in der Familie, beim Spielen...? Antworten könnten sein: im Sinne des Silas; ein Schritt der Versöhnung auf einen vermeintlichen Feind oder Gegner zu; Ausstrecken der Hand zum Vertragen; Ehrlichkeit beim Spielen; Wahrhaftigkeit im Zusammenleben mit Schülern, Eltern, Menschen überhaupt; Helfen, wo Unrecht geschieht...

                                                          gelenktes Unterrichtsgespräch

Die einzelnen Sätze des Gebets von Franz von Assisi könnten weitere Leitlinien sein.

                                                                                                M 5: Gebet von Franz von Assisi

▶ Ähnliche Situationen oder Inhalte von mitmenschlichen Begegnungen wie die zwischen Fabius und Silas werden im Gespräch erörtert und im Rollenspiel kurz angespielt.

                                                          gelenktes Unterrichtsgespräch
Rollenspiel

D Medien

M 1

"Wächter am Grabe" und "Auferstehung"

Von Alfred Manessier, aus: Passion/Ostern, Burckhardthaus-Verlag, Gelnhausen/ Christophorus-Verlag, Freiburg i. Br. , 24 Farbdias, 32 Seiten Text, hg. von Ingrid Riedel.
Die beiden Bilder (Nr. 17 und 19) sind zwei von acht Bildern der Reihe, die in der Totale fotografiert sind. Alle übrigen sind Detailaufnahmen aus den acht Grundbildern von Manessier. Die Texte gehören zu 24 Bildern.
Neben dieser Mappe existiert ein Tonbild mit den Bildern von Manessier: Alfred Manessier, Ostern, Ev. Zentralbildkammer Bielefeld, 9 Farbdias (davon 1 Titelbild) – Spule oder Kassette – 25 Min. – Neben kurzen Bildinterpretationen wird der Text der Passionsgeschichte nach dem Mattäusevangelium gelesen.

M 2

"Ostern"

Christoph Kunze, Ostern. Lk 24,13–35, in: Walter Neidhart, Hans Eggenberger (Hg.), Erzählbuch zur Bibel. Theorie und Beispiele, Zürich-Köln, Lahr ^{2}1976, S. 358–366, 367.
Der Teppichknüpfer Fabius wird betrogen. Die Erzählung von der Auferstehung Jesu läßt ihn nach Zeichen suchen, daß Jesus lebt. Er erwartet als Beweis, daß der Betrüger sich entschuldigt und den Schaden begleicht. Aber: Müßte er nicht bei sich selber anfangen, wenn Jesus lebt und nahe ist?

M 3

"Zu Ostern in Jerusalem"

Aus: Wenn das Rote Meer grüne Welle hat. Neue geistliche Kinderlieder, Pädagogischer Verlag Schwann, Düsseldorf 1972 (17 cm – 2'03" – 45 UpM). – Diese Platte ist nur noch im Verleih (kirchliche Verleihstellen) erhältlich. Das Lied wurde in die folgende Langspielplatte übernommen:
Neue geistliche Kinderlieder, Pädagogischer Verlag Schwann, Düsseldorf 1976 (30 cm – 2'03" – 33 UpM).

Melodie und Text finden Sie auch in: Gerd Watkinson (Hg.), 9 x 11 neue Kinderlieder zur Bibel. Lieder für Schule, Gottesdienst und Familie, Verlag Ernst Kaufmann, Lahr/ Christophorus-Verlag, Freiburg i. Br. 1973, Nr. 78.

M 4

"Von Osterhasen und Ostereiern"

Für Ausländer werden in unserer Stadt Sprachkurse abgehalten. Sechs Monate lang sind sie hier, um Deutsch zu lernen. Die jungen Menschen aus aller Welt wohnen in deutschen Familien. Wir überlegen, ob wir nicht auch einen ausländischen Studenten als Gast aufnehmen wollen. So kommt Maruta, eine junge Afrikanerin, zu uns.
Vor Ostern gehe ich mit Maruta in die Stadt. Wir bummeln an den Schaufenstern entlang und schlendern durch die Kaufhäuser. Was Maruta alles wissen will! Vor einem Laden bleibt sie besonders lange stehen. Es ist ein Süßwarengeschäft. Im Schaufenster sind viele Osterhasen, kleine und große, Osterkörbchen und -nester und haufenweise Ostereier. "Warum so viel von diesen Sachen jetzt kaufen?" fragt Maruta. "Warum Hasen und Eier?"
"Das sind Osterhasen und Ostereier", sage ich zu Maruta. Schließlich gehen wir weiter.
Am Abend kommt Maruta mit ihrem Wörterbuch in unsere Wohnstube. Sie hat noch über Osterhasen und Ostereier nachgedacht.
Sie sagt: "Hier in meines Buch es heißt: Ostern ist ein christliches Fest. Es wird in Erinnerung an die Auferstehung Jesu gefeiert. – Warum also die Leute kaufen Osterhasen und Ostereier?"
"Warum? Das ist eben so bei uns! – Genau wissen wir es auch nicht."
Am anderen Tag habe ich unseren Lehrer gefragt. Der hat uns dann erzählt:
Der Brauch mit den Eiern um die Osterzeit ist sehr alt. Er stammt noch aus der Zeit, als nur einzelnen adeligen Herren das Land bei uns gehörte. Das ist viele hundert Jahre her. Damals hatten die Bauern sich Land von den großen Herren gepachtet. Dafür mußten sie an den Grundherren Pacht bezahlen. Geld aber hatten die Bauern nicht. Deshalb bekam der Herr einen Teil von dem, was die Bauern auf den Feldern zogen und auch Vieh. Sie bezahlten die Pacht in Naturalien. Ein Pachtjahr war jeweils am Donnerstag vor Ostern zu Ende. Mancher Bauer hatte oft noch nicht alle Pacht vom letzten Jahr bezahlt, deshalb hatte er große Angst, ob er es noch schaffen würde bis Gründonnerstag.
Um die Osterzeit hatten zum Glück die Hühner wieder feste mit dem Eierlegen begonnen. Meist waren deshalb auch die letzten Abgaben am Ende des Pachtjahres Hühnereier. Aus Freude darüber, daß nun wirklich alle Schuld an den Herrn bezahlt war, färbten die Bauern eines der Eier rot. Ihr könnt euch denken, wie es da-

mals am Gründonnerstag zuging: Mit ängstlichen Gesichtern waren die Bauern mit ihren Körben voll Eiern zum Herrn auf der Burg unterwegs. Oftmals stand dieser dann am Fenster und schaute ihnen entgegen. Er lachte über sie, weil sie so voll Angst daherkamen. "Da kommen die Bauern so bange wie die Hasen!" sagte er. Bald sagten es auch die anderen Leute. "Da gehen die Hasen mit ihren Ostereiern!"

Später gab es keine Grundherren mehr. Nun gehörte das Land den Bauern selbst, und sie brauchten keine Pacht mehr abzuliefern. Weil sie aber so viel Spaß daran gehabt hatten, das letzte Ei rot zu färben, taten sie es auch später noch. Nur bekam es jetzt nicht mehr der Herr, sondern die Bauern schenkten ihren Kindern buntgefärbte Eier. Bald schon taten sie das nicht mehr am Gründonnerstag, sondern am Ostermorgen.

"Wer hat uns denn die Eier gebracht?" fragten die Kinder.
"Die Ostereier sind vom Osterhasen!" sagten die Leute und zwinkerten mit den Augen.

Anneliese Pokrandt

aus: Kurze Geschichten, hg. v. Rolf Krenzer, Anneliese Pokrandt, Richard Rogge, Verlag Ernst Kaufmann, Lahr, Kösel-Verlag München 1975, S. 245–247.

M 5

Herr, mache mich zum Werkzeug deines Friedens:
daß ich Liebe übe, wo man sich haßt;
daß ich verzeihe, wo man sich beleidigt;
daß ich verbinde, wo Streit ist;
daß ich die Wahrheit sage, wo der Irrtum herrscht;
daß ich den Glauben bringe, wo der Zweifel drückt;
daß ich die Hoffnung wecke, wo Verzweiflung quält;
daß ich Licht entzünde, wo die Finsternis regiert;
daß ich Freude mache, wo der Kummer wohnt.

Herr, laß du mich trachten:
nicht, daß ich getröstet werde,
sondern daß ich andere tröste;
nicht, daß ich verstanden werde,
sondern daß ich andere verstehe;
nicht, daß ich geliebt werde,
sondern daß ich andere liebe.

Denn wer da hingibt, der empfängt;
wer sich selbst vergißt, der findet;
wer verzeiht, dem wird verziehen;
und wer stirbt, erwacht zum ewigen Leben.

Franz von Assisi

6 Vorurteile machen Menschen unglücklich

A Übersichtsplan

Thema	Inhalt in Stichworten	Verknüpfung zu anderen Themen
6.1 Vorurteile machen Menschen unglücklich	Film "Und schloß von innen fest zu"	4.6 Jesus ißt mit dem Zöllner Zachäus 8.1 Johannes und der Moslem Abdul 8.5 Das Beiramfest der Moslems 8.6 Moslems und Christen leben in Deutschland zusammen
6.2 wie 6.1	Film "Und schloß von innen fest zu" Nachspielen des Films mit Halmapüppchen ▶ Nachspielen der Filmszenen auf dem Tageslichtschreiber Begriff "Vorurteil"	
6.3 Es gibt viele Formen von Vorurteilen	Geschichte "Die anderen Kinder" Gemeinsamkeiten von Geschichte und Film Erarbeiten des Hörspieltextes aus "Die anderen Kinder" zu einem Hörspiel	
6.4 wie 6.3	Tonbandaufnahme des Hörspiels Überwinden der Vorurteile	
6.5 wie 6.3	Darstellen der wichtigsten Teile der Geschichte "Die anderen Kinder" in Kreissymbolen an der Tafel Malen der Feierszene ▶ Ausfüllen von Denkblasen der Kinder bei der Feier ▶ Spielen der Versöhnungsszene	

Thema	Inhalt in Stichworten	Verknüpfung zu anderen Themen
6.6 Alle Menschen auf der Welt sind wichtig und wertvoll	Wandfries aus einzelnen Kinderbildern Lied "Jeder ist uns wichtig"	4.6 Jesus ißt mit dem Zöllner Zachäus 8.5 Das Beiramfest der Moslems 8.6 Moslems und Christen leben in Deutschland zusammen

B Theologisch-didaktische Überlegungen

Gastarbeiter sind schmutzig. Zigeuner stehlen. Schwarze sind unberechenbar. Studenten sind faul und aufsässig. Kinder haben zu gehorchen und erst zu reden, wenn sie gefragt werden... Die angefangene Reihe könnte beliebig weit fortgeführt werden. Diese Aussprüche sind so oder im Sinn nur wenig abgewandelt fast täglich zu hören. Nur selten werden sie besonders registriert, weil viele Menschen in der gleichen Weise reden. All den Aussagen ist gemeinsam, daß sie von vielen Menschen, in der Regel von einer Mehrheit, stammen, die über eine Minderheit verallgemeinernd, pauschal, festlegend und festgelegt urteilt. Wer in das Meinungsfeld solcher unreflektierter Gedanken gerät, wird diffamiert und isoliert. Seine Möglichkeiten der Verteidigung und Klarstellung der wirklichen Gegebenheiten sind nur gering.

Ferner ist solchen Aussprüchen gemeinsam, daß sie in dieser pauschalen Art nicht zutreffen. Der Versuch des Fragens, Verstehens und Differenzierens wäre bereits der Beginn der Revision solchen Denkens. Doch gelingt es selten, solche Denkprozesse zu initiieren, weil die Mehrheit der Menschen in pauschalen Kategorien zu denken gewohnt ist.

Festschreibungen in der oben angeführten Weise sind Vor-Urteile. Sie gehören in das Vorfeld von Urteilen. Sie legen fest, ohne exakte Nachforschungen anzustellen, wie es zu einer Urteilsfindung mit den dazugehörenden sachlichen Kriterien gehört. Gerade aus diesem Grunde entziehen sie sich in der Regel rationalem Zugriff. Zumindest ist ihre Unrichtigkeit mit rationalen Argumenten nur mühsam einsichtig zu machen, da tief verwurzelte Emotionen Barrieren bilden, die erst beseitigt werden müssen.

Rechtskräftige Urteile werden – zumindest in freien Rechtsstaaten und in der Theorie allgemein – erst nach einem u.U. langen Verfahren gefällt. Die Anklage wird präzis formuliert, alle denkbaren Zeugen gehört, Verteidiger und Angeklagter kommen zu Wort. Alle miteinander ringen um die Rekonstruktion des Tatvorganges oder um die Richtigkeit des Sachverhaltes, der zur Verhandlung ansteht. Erst nach Bedenken aller erwägbaren Fragen wird das Urteil ausgesprochen, und gegen dieses ist schließlich noch eine Berufung möglich. Bei Aussprüchen, wie sie oben angeführt wurden, fallen solche Verfahren fort. Das Urteil steht fest, ehe Anklage erhoben und Zeugen gehört wurden und der Angeklagte Gelegenheit hatte, sich angemessen zu verteidigen. Vor-Urteile liegen vorwiegend im Bereich der Emotionen und blockieren jede vernünftige Art der Kommunikation.

Vorurteile kommen in allen gesellschaftlichen Gruppen vor. Sie richten sich von Gruppe zu Gruppe oder gegen Minderheiten in einer Gruppe. Ihre Motive liegen im sozialen, religiösen, rassischen oder politischen Bereich. Sie bauen Konfliktfelder auf, die sich in Aggressionen gegeneinander entladen, im Weltmaßstab sogar in kriegerischen Auseinandersetzungen.

Für die Schüler eines dritten Schuljahres liegt es nahe, Vorurteile aus ihrem sozialen Umfeld aufzudecken und bewußt zu machen. In Ansätzen gibt es hier religiöse und rassische Beispiele. Die politischen sind vorhanden, aber für die Schüler dieser Altersstufe kaum durchschaubar oder verstehbar. Die konkreten Beispiele für Vorurteile stellen sich je verschieden dar. Es kommt darauf an, welche Menschengruppen zusammenleben. In Trabantensiedlungen am Rande der Großstädte etwa mit Hochhäusern und Eigenheimen bilden sich entsprechende Parteien, die schnell bestimmte Pauschalurteile über andere formulieren: Die Eigenheimer wollen etwas Besseres sein. Sie sind hochnäsig und verachten uns. Oder: In den Hochhäusern wohnen Asoziale. Sie gefährden die öffentliche Sicherheit. Überall da, wo soziale Gefälle erkennbar vorhanden sind oder Menschen mit unterschiedlicher Lebensweise oder Interessenlage zusammenleben, bilden sich leicht Vorurteile. Sie bauen Barrieren auf, die nur schwer zu beseitigen sind und kaum positive Begegnungen ermöglichen.

Besonders intensiv entladen sich die Vorurteile zwischen Kindern unterschiedlicher Gruppen, da sie im Spiel auf der Straße und auf dem Spielplatz intensiveren Kontakt haben als die Erwachsenen, die abgeschlossener leben. Zudem fließen die Vorurteile der Erwachsenen mit in die Konfliktbereiche der Kinder ein, da sie im Erziehungsprozeß durch die Meinung der Erwachsenen stark geprägt werden. Gerade hier liegt die Gefahr, daß Meinungen unreflektiert übernommen werden. Vorurteile sind für die Betroffenen immer schmerzlich. Sie bilden sich oft einfach deswegen, weil Menschen anders sind, weil sie nicht der Norm, die von der Mehrheit formuliert wird, entsprechen. Da gibt es die Dicken, die Dünnen, Kleinen, Langen, Rothaarigen, Andersfarbigen, die Streber in der Schule, Menschen mit anderen religiösen Glaubensvorstellungen, die Kinder armer oder wohlhabender Eltern, Sonderschüler... Gerade bei Kindern bilden sich Vorurteile schnell, weil sie ihr rationales Differenzierungsvermögen noch nicht hinreichend ausgebildet haben. Kurzfristige emotionale Bindungen, die dennoch intensiv sein können, bestimmen entscheidend das soziale Miteinander bei Kindern. Bei dem "Karussell" der freundschaftlichen Verbindungen werden diejenigen übersprungen, gegen die sich Vorurteile gefestigt haben. Hier besteht eine wesentliche Aufgabe der Schule mitzuhelfen, Vorurteile abzubauen, um menschliches Zusammenleben angstfreier zu ermöglichen. Eine Anzahl von Konfliktfeldern würde beseitigt, wenn sie umgestaltet werden könnten in positive Gemeinschaftsaktionen.

Die Geschichte zeigt unzählige Beispiele, wie Vorurteile im Politischen, Rassischen und Religiösen verheerende Folgen hatten. Besonders schmerzlich sind die Verfehlungen im religiösen Bereich, wo die Liebe zum andern, zum Nächsten ohne Einschränkung zu den vordersten Geboten gehört. Die religiösen Diffamierungen und Vorurteile führten sogar zu Kriegen, was nach den Gedanken des Neuen Testamentes kaum faßbar ist.

Das Aufarbeiten des Problemfeldes "Vorurteile" ist für die Schule eine vordringliche Aufgabe. Aus ethischen Gründen besteht dazu eine politische Verpflichtung. In Artikel 3 des Grundgesetzes der Bundesrepublik Deutschland heißt es: "Alle Menschen sind vor dem Gesetz gleich. Männer und Frauen sind gleichberechtigt. Niemand darf wegen seines Geschlechtes, seiner Abstammung, seiner Rasse, seiner Sprache, seiner Heimat und Herkunft, seines Glaubens, seiner religiösen und politischen Anschauung benachteiligt oder bevorzugt werden."

Für den christlichen Religionsunterricht kommt die Verpflichtung aufgrund des biblischen Zeugnisses und seiner Anerkennung in der Annahme des Glaubens hinzu. Besonders das Neue Testament zeugt in vielfältiger Weise von der rechten Haltung zum Mitmenschen. Fast extrem (zumindest für das Verständnis der damaligen Menschen) hat Jesus von Nazaret die Solidarität mit den von Vorurteilen Belasteten gelebt. "Unreine" aller Art, Kranke, religiös anders Denkende, sozial von der Norm Abweichende (Dirnen, Bettler, Zöllner, Hirten) gehörten zu den Freunden Jesu. Der Begriff "Vorurteil" kommt zwar in der Bibel nicht vor, sein sachlicher Gehalt jedoch ist ein Hauptgrund für die Konflikte zwischen Jesus und den Machthabern des Judentums.

In dieser Einheit soll der biblische Bereich nur als Basis verstanden werden. Explizit kommt er nicht vor. Das Umfeld der Predigt Jesu reicht bis in die Problemfelder der Vorurteile hinein. Da, wo Menschen diffamiert, isoliert, beleidigt und ausgestoßen werden, wo sie leiden und ohnmächtig dem erfahrenen Unrecht ausgesetzt sind, gilt das Gebot der Nächstenliebe erst recht.

Das Thema "Vorurteile" gehört zu den Aufgaben, die in allen didaktischen Prozessen stets wiederkehren müssen. Vorurteile sind überall und darum eine permanente Gefahr für mitmenschliche Existenz. Nur durch Sensibilisierung für das Unrecht und die Gefahr von Vorurteilen können die Konflikte reduziert werden. Biblische Geschichten können hier deswegen fehlen, weil sie ohnehin explizit in anderen Zusammenhängen, aber mit gleichen Schwerpunkten, ihren sinnvollen und notwendigen Ort haben (vgl. auch den Entwurf 5 "Reden und Handeln Jesu").

Für diese Einheit wurden zwei Materialbeispiele ausgewählt, an denen das Thema "Vorurteile" intensiv exemplarisch bedacht werden soll. Dabei geht es einmal um das Identifizieren und Bewußtmachen von Vorurteilen, zum anderen um die Überwindung in ersten Ansätzen. Der Transfer auf viele weitere Situationen fällt dann nicht mehr schwer, wenn das Problem grundsätzlich erkannt ist und die Schüler verstanden haben, daß Vorurteile den Betroffenen immer Unrecht zufügen und diese als Minderheiten kaum Möglichkeiten haben, sich angemessen zur Wehr zu setzen. Es bleiben ihnen letztlich nur Resignation oder Aggression. Beide Bereiche klammern menschliches Miteinander in wohlwollender und wohltuender Kommunikation aus. Vorurteile gefährden sinnvolles menschliches Leben.

Entwurfsziel

Die Schüler sollen die Gefahr von Vorurteilen für menschliches Miteinander-Leben erkennen. Sie sollen verschiedene Formen der Vorurteile kennenlernen und verstehen, wie man sie beseitigen oder verhindern kann.

C Unterrichtsverlauf

| 1. Stunde |

Thema: Vorurteile machen Menschen unglücklich.

Lernintentionen: a. Die Schüler sollen erkennen, daß Vorurteile Menschen isolieren können.
b. Sie sollen erkennen, daß *alle* Personen des Films "... und schloß von innen fest zu" Vorurteile haben.
c. Sie sollen erkennen, daß Vorurteile Menschen unglücklich machen können.

Inhalt	Methode/ Unterrichtsform	Medien/Materialien*
1. Der Lehrer zeigt den Film "... und schloß von innen fest zu".	Lehrerdarbietung	M 1: Film "... und schloß von innen fest zu"

* Die genauen Angaben zu den in dieser Rubrik abgekürzt aufgeführten Büchern und Medien finden sich im Literaturverzeichnis S. 153.

Inhalt	Methode/ Unterrichtsform	Medien/Materialien

2. Die Schüler äußern sich. Dabei werden sie sich wahrscheinlich über das Verhalten der Wirtsleute entrüsten. — freie Schüleräußerungen

3. Der Lehrer zeigt den Film noch einmal. Vorher stellt er einige Beobachtungsaufgaben, etwa: Achtet auf die Aussagen der Wirtsleute, auf das Verhalten der Abgewiesenen, auf deren Haltung zu den anderen, die in die Stadt kommen... — Lehrerdarbietung — M 1: Film

4. In einem vertiefenden Gespräch werden die Einzelbeobachtungen der Schüler diskutiert. Vor allem wird die Frage zu klären versucht, ob sich die abgewiesenen Personen wesentlich besser verhalten.
Der Begriff Vorurteil kann hier bereits anklingen, wenn die Schüler annähernde Aussagen machen. Explizit kommt er erst in der zweiten Stunde zur Sprache. Der sachliche Gehalt des Begriffes steht allerdings im Mittelpunkt des Gespräches. — gelenktes Unterrichtsgespräch

5. Lehrer: Bringt zur nächsten Stunde Halmapüppchen mit, wenn ihr welche habt. — Hausaufgabe

2. Stunde

Thema: wie 1. Stunde

Lernintentionen: wie a–c der 1. Stunde
d. Die Schüler verstehen den Begriff Vor-Urteil.

1. Zu Beginn der Stunde zeigt der Lehrer noch einmal den Film "... und schloß von innen fest zu". — Lehrerdarbietung — M 1: Film

2. Die Schüler äußern sich, indem sie bereits in der vorigen Stunde Gesagtes wiederholen. Lehrer und Schüler klären im Gespräch den Begriff Vorurteil. — gelenktes Unterrichtsgespräch

3. Lehrer: Ihr habt zu dieser Stunde Halmapüppchen mitgebracht. Legt sie vor euch auf den Tisch. Holt aus eurer Schreibmappe Blei- und Buntstifte. Legt sie ebenfalls auf den Tisch. — Spielanweisung durch den Lehrer Spielen in Gruppen — Blei- und Buntstifte, Halmapüppchen

Inhalt	Methode/ Unterrichtsform	Medien/Materialien
Spielt in Gruppen zu 6 Schülern den Film nach. Legt nacheinander in der Reihenfolge des Films mit Blei- und Farbstiften die Häuser und Mauer. Die Halmapüppchen stellen die Leute dar. Erzählt zu eurem Spiel. Laßt alle Personen reden! Die Schüler spielen in Gruppen. Während die Schüler spielen, bereitet der Lehrer die verschiedenen Spielabschnitte als Skizze im Tafelbild vor (ohne Personen).	Tafelbild	Tafel
▶ Die Spielabschnitte lassen sich auch gut für den Tageslichtschreiber bereits zu Hause oder aber schnell in der Stunde vorbereiten.	Folienbild(er)	Tageslichtschreiber, Folie(n), Faserschreiber (wasserlöslich), Leinwand
4. Mehrere Schüler spielen noch einmal exemplarisch für die ganze Klasse die verschiedenen Filmabschnitte nach. Dazu verwenden sie für die Personen entweder mit bunter Kreide dargestellte Kreise oder Magnet- oder Flanell- oder andere Haftelemente aus der Mathematik. Dazu sprechen die Schüler.	Tafelspiel	Tafel, bunte Kreide, Haftelemente aus der Mathematik
▶ Die Personen werden in Kreissymbolen mit bunten Faserschreibern dargestellt. Dazu sprechen die Schüler ebenfalls.	Folienspiel	Tageslichtschreiber, Folie(n), Faserschreiber (wasserlöslich), Leinwand
5. Lehrer: Alle Leute in der Stadt, nicht nur die beiden im Wirtshaus, sind eigentlich unglücklich geworden. Die Schüler äußern sich. Lehrer: Es gibt ein Wort für das Verhalten der Menschen in dem Film, das eigentlich als Überschrift stehen müßte. Sollten die Schüler nicht das Wort *Vorurteil* nennen, schreibt es der Lehrer groß an die Tafel über die Skizzen. Finden die Schüler den Begriff, darf ein Schüler das Wort an die Tafel schreiben.	gelenktes Unterrichtsgespräch Tafelanschrift	Tafel, Kreide
– Vorurteile haben die beiden Menschen im Wirtshaus unglücklich gemacht. – Vorurteile haben aber auch die übrigen unglücklich gemacht. Sie haben sich auch nur mit *ihrer* Hautfarbe angenommen und keinen Kontakt mit Andersfarbigen gesucht.		

6

Inhalt	Methode/Unterrichtsform	Medien/Materialien

3. Stunde

Thema: Es gibt viele Formen von Vorurteilen.

Lernintentionen: a. Die Schüler erkennen durch eine Geschichte, daß es verschiedene Arten von Vorurteilen gibt.
b. Sie erkennen, daß sich Vorurteile oft auf bestimmte Personengruppen richten.
c. Die Schüler sollen im Lesen und Sprechen eines Hörspieltextes verschiedene Vorurteile immer wieder verbalisieren und Lösungen sehen, davon frei zu werden.

Inhalt	Methode/Unterrichtsform	Medien/Materialien
1. Der Lehrer liest die Geschichte "Die anderen Kinder" von Ursula Wölfel vor. Die Schüler äußern sich.	Lehrerdarbietung freies Unterrichtsgespräch	M 2: "Die anderen Kinder"
2. Lehrer: Überlegt einmal, was wohl der Film "... und schloß von innen fest zu" und diese Geschichte gemeinsam haben. Die Schüler erzählen von den Vorurteilen dort und hier. Sie formulieren mit ihren Worten die verschiedenen unreflektierten Vorbehalte der Personen in der Geschichte.	gelenktes Unterrichtsgespräch	
3. Die Schüler finden wahrscheinlich die deftigen Ausdrücke vom Anfang und Ende der Geschichte lustig. Sie sollen sie sich in zwei Gruppen lauthals zuschreien. Die einen sind die Teichstraßen-, die anderen die Bahnwegkinder. Nach diesem kleinen "Schrei-Kampf" sind die für die Schulsituation nicht allgemein üblichen Wörter wahrscheinlich "entschärft".	Schreien der Schüler	
4. Die Schüler erhalten ein Arbeitsblatt mit dem zu einem Hörspiel umgearbeiteten Text der Geschichte: "Die anderen Kinder" (von "Aber einmal wurde es Abend..." an). Lehrer: Lest den Text still für euch durch. Danach wird der Text mit verteilten Rollen gelesen. Alle Schüler erhalten eine Rolle. Der Lehrer bestimmt aus Zeitgründen die einzelnen Sprecher. Jeder kreuzt sich seine Rollenteile an. Das Stück wird wiederholt gelesen.	Texterarbeitung stilles Lesen Lesen mit verteilten Rollen	Arbeitsblatt 14/15: Die anderen Kinder

Inhalt	Methode/ Unterrichtsform	Medien/Materialien

4. Stunde

Thema: wie 3. Stunde

Lernintentionen: wie 3. Stunde

1. Der Text des Arbeitsblattes wird noch einmal mit den bereits in der letzten Stunde verteilten Rollen gelesen.	Lesen	Arbeitsblatt 14/15
2. Lehrer: Wir wollen gemeinsam aus dem Text ein richtiges Hörspiel machen. Dazu brauchen wir neben den Sprechern noch Geräusche. Die Schüler schlagen Art und Stelle der Geräusche vor. Schließlich erfolgt die Tonbandaufnahme. Dabei kommt es nicht auf technische Perfektion an.	gelenktes Unterrichtsgespräch Tonbandaufnahme Tonband ▶ Aufnahme mit Kassettenrecorder	Arbeitsblatt 14/15 Tonbandgerät, Tonband, Mikrofon ▶ Kassettenrecorder, Kassette, ggf. Mikrofon
3. Der Lehrer spielt den Schülern das Hörspiel vor. Die Schüler begutachten ihre Arbeit.	Hörspiel	
4. Der Lehrer führt die Schüler noch einmal zum Begriff "Vorurteil" zurück. Er schreibt an die Tafel:	gelenktes Unterrichtsgespräch Tafelanschrift	Tafel, Kreide

Vorurteile der Bahnwegleute	*Vorurteile der Teichstraßenleute*

Die Schüler nennen die verschiedenen Vorurteile und schreiben sie in die entsprechende Rubrik an die Tafel.		
5. Lehrer: Wodurch oder durch wen werden die Vorurteile überwunden? Mögliche Antwort: Durch die Unbefangenheit des 5jährigen Karsten. Er hatte aufgrund seines Alters noch keine Vorurteile. Er wollte einfach spielen und einen Freund haben.	gelenktes Unterrichtsgespräch	

Inhalt	Methode/ Unterrichtsform	Medien/Materialien

5. Stunde

Thema: wie 3. und 4. Stunde

Lernintentionen: wie 3. und 4. Stunde

1. Die Schüler hören noch einmal ihr kleines Hörspiel.	Hörspiel	Tonbandgerät/ Kassettenrecorder
2. Lehrer: Wir wollen nun die Geschichte in kleinen Kreisen an der Tafel darstellen. Dabei sollen die drei wichtigsten Teile vorkommen. Die Schüler vermuten und finden mit Hilfe des Lehrers die Lösung: a. Streit zwischen Bahnweg- und Teichstraßenkindern, b. Vermittlung durch Karsten, c. Gemeinsame Feier und Freundschaft. Für die Tafeldarstellung eignen sich weiße und bunte Kreide oder die Haftelemente aus der Mathematik. Die Schüler überlegen, wie die 3 Szenen dargestellt werden könnten.	gelenktes Unterrichtsgespräch Tafelzeichnung bzw. -darstellung	Tafel, weiße und bunte Kreide, bzw. Haftelemente vgl. M 3: Szenen zu "Die anderen Kinder"
3. Die Schüler malen die Feierszene in ihr Religionsheft. ▶ Die Schüler erhalten ein Arbeitsblatt mit Kindern vom Bahnweg und aus der Teichstraße. Sie schreiben in die Denkblasen, was die Kinder bei der Feier wohl denken. ▶ Die Versöhnungsszene wird gespielt. Die Schüler überlegen Möglichkeiten.	bildnerisches Gestalten Malen Einzelarbeit Schreiben gelenktes Unterrichtsgespräch Rollenspiel	Religionsheft, Farbstifte Arbeitsblatt 16/17 Schreibzeug
4. Einige Schülerarbeiten werden vorgestellt und im Klassengespräch begutachtet. ▶ Einige Schüler lesen die Texte der Denkblasen vor. Die Beiträge werden im Gespräch erörtert.	gelenktes Unterrichtsgespräch Schülerberichte gelenktes Unterrichtsgespräch	Schülerarbeiten Schülerarbeiten
5. Lehrer: Schneidet zu Hause aus Illustrierten und Katalogen Kinderbilder aus und bringt sie zur nächsten Stunde mit.	Hausaufgabe	

Inhalt	Methode/ Unterrichtsform	Medien/Materialien

6. Stunde

Thema: Alle Menschen auf der Welt sind wichtig und wertvoll.		
Lernintentionen: a. Die Schüler sollen erkennen, daß es viele verschiedene Kinder auf der Welt gibt. b. Sie sollen verstehen, daß alle Menschen ihren Wert haben. c. Sie sollen erkennen, daß Vorurteile den Gedanken des Zusammengehörens und der prinzipiellen Gleichheit zerstören.		
1. Der Lehrer teilt die Klasse in Gruppen und gibt jedem Tisch ein größeres Stück Tapete von einer Rolle. Lehrer: Ihr habt viele Kinderbilder mitgebracht. Klebt sie in eurer Gruppe auf die Tapete. Versucht dabei den Gedanken darzustellen: Es gibt viele verschiedene Kinder auf der Welt (weiße, schwarze, kleine, große...) Die Schüler kleben ihre kleinen Einzelbilder zu einem großen Bild zusammen.	Gruppenarbeit Schneiden, Kleben	Tapete, Schere, Klebstoff, Kinderbilder aus Zeitschriften und Katalogen, Tischunterlage
2. Die Gruppen stellen ihre Ergebnisse vor und erzählen, welchen Grundgedanken sie verwirklicht haben.	Gruppenberichte	Schülerarbeiten
3. Lehrer und Schüler kleben die Arbeiten zu einem großen Fries zusammen, der in der Klasse aufgehängt wird.	Gemeinschaftsarbeit	Schülerarbeiten, Wandfries
4. Die Schüler lernen die Melodie und erste Strophe des Liedes "Jeder ist uns wichtig".	Liederarbeitung gemeinsames Singen	M 4: Lied "Jeder ist uns wichtig" Liedtext
5. Die Schüler erhalten den Text der Strophen 1, 4–6 auf einem Blatt. Im Gespräch wird der Text näher bedacht. Dabei sollte betont werden, daß alle Menschen prinzipiell gleich sind und Vorurteile die Atmosphäre zwischen Menschen vergiften. Hier kann von der letzten Strophe her auf das Handeln Jesu hingewiesen werden, das im Entwurf 5 angesprochen wurde oder das den Schülern bereits anderswoher bekannt ist.	gelenktes Unterrichtsgespräch	
6. Singen des ganzen Liedes.	gemeinsames Singen	

D Medien

M 1

"... und schloß von innen fest zu"

Anspielfilm, 16 mm oder Super 8, Farbe, 7 Minuten, auszuleihen in kommunalen und kirchlichen Verleihstellen.
Menschen (Halmapüppchen) verschiedener Hautfarbe (grün, schwarz, rot, gelb) kommen nacheinander in die Stadt. Sie wollen im Gasthof "Zur Heimat" übernachten. Das Wirteehepaar weist sie jedoch mit vorurteilsvollen Begründungen ab. Sie alle kaufen sich ein Grundstück, das an den Gasthof angrenzt, und bauen darauf ein Haus. Alle Menschen gleicher Farbe ziehen ebenfalls in das entsprechende Haus ein. Schließlich ist der Gasthof eingeschlossen. Das Wirteehepaar erkennt, daß es isoliert ist.

M 2

"Die anderen Kinder"

Die Kinder aus der Teichstraße sagten: "Die anderen Kinder", und damit meinten sie die aus dem Bahnweg. Die Kinder aus dem Bahnweg sagten auch: "Die anderen Kinder", und damit meinten sie die aus der Teichstraße.
Den Bahnweg gab es schon lange. Es war ein lehmiger Fahrweg, der führte durch verwildertes Wiesenland am Bahndamm entlang zur alten Kiesgrube. Die war jetzt halb zugeschüttet mit Gerümpel und Schutt.
Es gab am Bahnweg nur drei Häuser, das waren Notunterkünfte, graue Steinbaracken mit flachen Wellblechdächern.
Die Teichstraße war eine neue Straße. Hohe weiße Wohnblocks standen dort, schöne Häuser mit großen Fenstern und sonnigen Balkonen, und zwischen den Blocks gab es Grünanlagen und einen Spielplatz.
Als die Leute dort einzogen, sagten die Eltern zu ihren Kindern: "Am Bahnweg wohnt nur schlechtes Pack. Das sind Leute, die keine Miete bezahlen, die nicht arbeiten. Mit denen wollen wir nichts zu tun haben. Spielt nicht mit den Kindern aus dem Bahnweg."
Und die Eltern im Bahnweg sagten zu ihren Kindern: "Kümmert euch nicht um das hochmütige Volk aus den neuen Häusern. Die denken, sie wären etwas Besseres als wir."
Das machte die Kinder nur neugierig.

Die aus der Teichstraße fuhren mit ihren Fahrrädern durch den Bahnweg. Sie beneideten die Kinder dort, weil sie aus dem Gerümpel in der Kiesgrube Buden bauen konnten. Und nach jedem Regen stand Wasser in der Grube, dann paddelten die Bahnwegkinder dort auf Bretterflößen. Aber wenn sie die Teichstraßenkinder sahen, schrien sie:
"Was wollt ihr hier? Teichstraßenaffen, Hosenscheißer! Paßt auf, da liegt ein Strohhalm, gleich fliegt ihr auf den Arsch! Haut ab!"
Manchmal kamen auch die Kinder aus dem Bahnweg zum Spielplatz an der Teichstraße. Sie taten so, als fänden sie hier alles komisch. Sie flüsterten miteinander und lachten übertrieben laut und zeigten mit dem Finger auf die Teichstraßenkinder. Die schrien dann:
"Ihr habt hier nichts zu suchen! Bahnwegpack, Drecksäue! Ihr wollt nur unsere Sachen klauen! Macht, daß ihr wegkommt!"

So war es zuerst, aber so blieb es nicht lange, und das kam durch Karsten aus der Teichstraße und durch Freddi, Tino und die Türken aus dem Bahnweg. Karsten war fünf Jahre alt, und wenn er draußen spielte, sollten seine beiden großen Schwestern auf ihn achtgeben. Aber immer wieder lief er ihnen weg, und wenn sie ihn suchten, war er nirgendwo zu finden.
Am Abend saß er dann jedesmal wieder brav im Sandkasten und sagte: "Ich bin nur ein bißchen mit dem Roller herumgefahren."
Das glaubten die Mädchen ihm auch immer.

Aber einmal wurde es Abend, und Karsten war noch nicht wieder da. Die Mädchen und drei von den großen Jungen suchten ihn. Zuletzt liefen sie zum Bahnweg.
Unterwegs sagten sie: "Im Bahnweg wohnt doch ein Mann, der hat schon im Gefängnis gesessen! Wenn der jetzt dem Karsten etwas getan hat?"
"Und Zigeuner wohnen im Bahnweg!" sagten sie. "Manche Leute sagen, daß Zigeuner kleine Kinder stehlen!"
Sie sagten: "Ausländer gibt es auch dort, Türken. Man weiß nicht, was für Leute das sind. Die reden ja nicht richtig deutsch!"
Im Bahnweg saß der Zigeunermann auf der Bank vor seinem Haus und fütterte ein kleines Kind mit Brei. Die Teichstraßenkinder fragten ihn nach Karsten.
Er sagte: "Der ist mit meinem Tino weggegangen. Karsten und mein Tino sind gute Freunde."
Beim nächsten Haus war ein Gemüsegarten. Ein junges Mädchen machte Unkraut aus, und ein alter Mann stand auf einer Leiter und flickte etwas am Dach.
Die Kinder blieben am Zaun stehen.
"Was wollt ihr denn hier?" fragte das junge Mädchen. "Gafft nicht so!"
Aber der alte Mann rief von oben: "Freddi ist mit Karsten und dem Zigeunertino bei den Türken. Alle Kinder sind eingeladen. Beeilt euch, sie feiern ein türkisches Fest!"
"Die sind doch aus der Teichstraße", sagte das junge Mädchen.

"Macht das einen Unterschied?" fragte der alte Mann.
Sie gingen weiter. Einer von den Jungen flüsterte: "Das war der Mann, der im Gefängnis gesessen hat!"
"Warum reden die Erwachsenen eigentlich immer so schlecht von den Bahnwegleuten?" fragte ein anderer.
Bei den Türken machte eine Frau die Tür weit auf und rief: "Herein, herein!"
"Viele Gäste, großes Fest!" rief ein Mann. Er zeigte auf eine lange Polsterbank mit bunten Decken und Kissen. Dort saßen schon sieben oder acht von den Bahnwegkindern. Auch Karsten saß dort.
Die aus der Teichstraße blieben an der Tür stehen. "Komm sofort nach Hause!" rief eine von Karstens Schwestern.
"Setzen! Setzen!" sagte die Frau.
Die Bahnwegkinder rückten zusammen und sahen die Teichstraßenkinder an und grinsten.
"Ihr habt Angst?" fragte der Mann. "Hier haben die Menschen Angst vor den Fremden. Warum?"
Da kamen sie herein und setzten sich.
Die Frau brachte Gläser und Tassen mit süßem Tee, und die Teichstraßenkinder mußten türkisches Gebäck essen und türkischen Tee trinken, und die Bahnwegkinder sahen ihnen zu und grinsten immer noch.
Keiner sagte ein Wort.
"Stumme Kinder?" fragte der Mann.
Jetzt grinsten auch die aus der Teichstraße, aber sie wußten nicht, was sie sagen sollten. Sie waren verlegen, weil sie so unfreundlich von den Türken gesprochen hatten.
Endlich hatten sie ihren Tee ausgetrunken. Sie bedankten sich bei der Frau.
Der Mann brachte sie zur Tür und sagte: "Kommt wieder, wir freuen uns!"
Die Bahnwegkinder liefen ihnen nach.
"Kommt wieder, wir freuen uns auch!" riefen sie. "Dann schmeißen wir euch in die Kiesgrube, ihr armen Mamakinderchen! Ihr Schürzenbandlutscher!" Sie lachten.
"Ja, morgen!" schrien die aus der Teichstraße. "Dann verhauen wir euch, ihr grinsenden Ohrwürmer!" Sie lachten auch.
"Ihr stinkenden Käsemaden!" schrien die aus dem Bahnweg.
"Ihr Kaninchenfurzfänger!" schrien die aus der Teichstraße.
Und so fing ihre Freundschaft an.

aus: Ursula Wölfel, die grauen und die grünen Felder, Anrich Verlag, Neunkirchen 1970, S. 5–10.

M 3

Szenen zu "Die anderen Kinder"

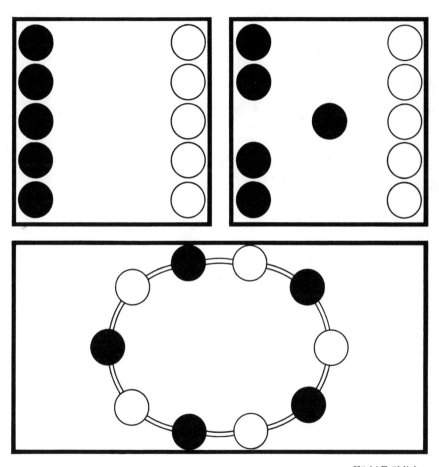

Käthi Fröhlicher

Jeder ist uns wichtig

1. Hän-de kön-nen fas-sen und auch wie-der las-sen,
Au-gen kön-nen se-hen, Fü-ße kön-nen ge-hen!

Kehrvers
Je-der ist uns wich-tig, keins zu klein und nich-tig,
wie-de-wie-de-bu, es ge-hört da-zu!
oder: ich ge-hör da-zu, du ge-hörst da-zu!

2. Nasen können riechen,
   Beine können kriechen,
   Münder können schmecken,
   Zungen können lecken.

3. Tina kann gut springen,
   Peter liebt das Singen,
   das kann ich, das du;
   jeder greift mal zu.

4. Wir sind Schwestern, Brüder,
   wir sind Kettenglieder,
   große Hand und kleine,
   keine schafft alleine.

5. Kommt zu zwein und dreien,
   auf, und schließt die Reihen,
   und man sieht die Gaben,
   die wir alle haben.

6. Sind wir auch verschieden,
   keiner wird gemieden,
   keiner bleibt allein,
   jeder darf sich freu'n.

7. Wer's nicht kann verstehen,
   darf auf Jesus sehen,
   jeder ist viel wert,
   das hat er gelehrt.

aus: Katechetische Spielmappen Nr. 4
Text (Str. 1–3, 6–7) und Melodie: Wolfgang Longardt; (Str. 4–5): Friedrich Hoffmann
Verlag Ernst Kaufmann, Lahr/Schwarzwald
Christophorus-Verlag Herder GmbH, Freiburg i.Br., 1974

7 Es gibt viele arme Menschen auf der Welt

A Übersichtsplan

Thema	Inhalt in Stichworten	Verknüpfung zu anderen Themen
7.1 Auf der Welt hungern viele Kinder	Wunschzettel für Weihnachten oder zum Geburtstag Interpretation des Plakates "Hunger tut weh" Wunschzettel aus der Sicht eines hungernden Kindes	
7.2 wie 7.1	Bilder aus Hungergebieten der Welt Vergleich der Lebensverhältnisse bei uns und in Hungergebieten	
7.3 Eine arme Familie in Kalkutta	Geschichte "Rauch verhüllt die Sterne von Kalkutta" Erarbeiten eines Gespräches der Kinder der Geschichte vor dem Schlafengehen ▶ Malen der Situation der Familie Rollenspiel	
7.4 Der Hungerkreis	Gründe für die Not Durgas Erarbeiten des "Hungerkreises"	10.5 Amos hört und erlebt die Mißstände in Israel 10.6 Amos klagt die Israeliten an
7.5 Eine Schule in der Nähe von Kalkutta	Tafelbild des "Hungerkreises" Lösungsmöglichkeiten der Probleme des "Hungerkreises" Reisebericht über ein Hilfsprojekt bei Kalkutta, ergänzt durch Bilder "Hilfe zur Selbsthilfe"	
7.6 Auch wir können helfen	Diskutieren eines Zeitungsartikels über eine Hilfsaktion von Grundschülern für "Brot für die Welt" Entwickeln von Hilfemöglichkeiten evtl. Beschluß einer Schüleraktion evtl. Lied "Wie ein Tropfen auf den heißen Stein"	

B Theologisch-didaktische Überlegungen

"Was ihr getan habt einem unter diesen meinen geringsten Brüdern, das habt ihr mir getan." (Mt 25,40 – nach der Luther-Übersetzung). Dieses alte Bibelwort weist seit fast 2000 Jahren auf die Not anderer Menschen. Es fordert in extremer Weise heraus, die menschliche Not wahrzunehmen und Abhilfe zu schaffen. In jedem Bedürftigen begegnet nach dem Wort der Bibel Jesus Christus selbst. Da steht nicht irgend jemand anonym. Er ist benennbar, hat einen Namen, lebt und will weiterleben.

Die Geschichte zeugt von mancherlei Nöten in allen Zeiten. Sie wurden wahrgenommen; Abhilfe wurde jedoch nicht so tatkräftig geschaffen, wie es dem Grade der Not entsprochen hätte. Zu viele mußten und müssen leiden. Die Not der Welt wurde noch nicht zur bedingungslosen Aufforderung, Linderung oder Abhilfe in die vordersten Reihen der Weltprogramme zu stellen. Die weltpolitischen und weltwirtschaftlichen Analysen etwa der UNO deuten zwar immer pointierter auf die Not hin, sie vermögen aber keine breite Einigung zu erreichen, um wirksame Hilfe bereitzustellen. Die Welthandelskonferenzen decken seit ihrer ersten Sitzung die Probleme deutlich auf, das Gefälle reich – arm von der nördlichen zur südlichen Halbkugel wird dargestellt; über verbale Proklamationen und "Tropfen auf den heißen Stein" im Konkreten, d.h. in der Finanzierung von Hilfs- und Stützungsmaßnahmen in Ländern, die von Not gezeichnet sind, kam man bisher nicht hinaus.

Die Gedanken des biblischen Wortes richten sich zunächst an Christen, die dieses Handeln an den geringsten Brüdern im Rahmen des Doppelgebotes der Liebe eigentlich als ihre vornehmste Aufgabe sehen müßten. Über den Anspruch der Bibel hinaus bedeutet die katastrophale Lage einiger Regionen der Welt eine politische und moralische Herausforderung an den Menschen überhaupt. Dennoch beschränken sich diese Überlegungen zum Unterrichtsentwurf zunächst auf die Bereiche christlicher Verkündigung und christlichen Religionsunterrichts. "Du sollst den Herrn, deinen Gott, lieben aus deinem ganzen Herzen und mit deiner ganzen Seele und mit deiner ganzen Kraft und mit deinem ganzen Denken und deinen Nächsten wie dich selbst" (Lk 10,27 – nach der Zürcher Übersetzung). Liebe zu Gott hat nach diesem Gebot immer zugleich Auswirkungen auf den anderen Menschen, besonders auf den notleidenden, der in den Blick kommt. Das Doppelgebot der Liebe steht bekanntlich im Zusammenhang des Gleichnisses vom barmherzigen Samariter. Dort wird die Frage nach dem Nächsten klar bestimmt. Nächster ist der notleidende Mensch da, wo er begegnet. Als Nächster erfährt sich aber auch der den Notleidenden Begegnende.

Heute, mehr denn je, wird die Not der Welt bewußt. Die Massenmedien, besonders das Fernsehen, bringen täglich Berichte über Katastrophen, Kriege und Hunger in der Welt. Die Ausmaße der Not sind so unermeßlich, daß Resignation

oft schon den Keim der Hilfeleistung erstickt. Dennoch erscheint es erforderlich, das Gewissen derer ständig zu wecken, die in relativer Sicherheit leben und allein helfen können. Nicht nur aktuelle Katastrophen bieten Anlaß dazu; die Weltlage bedeutet eine ständige Provokation. "Die Hälfte der Weltbevölkerung ist unzureichend mit Nahrung versorgt. 1,4 Milliarden Menschen leiden unter einseitiger Ernährung. 400 Millionen hungern. Die Nahrungsmittelproduktion in den Entwicklungsländern wächst langsamer als die Bevölkerung. Der Hunger löst regelrechte Fluchtbewegungen aus. Das Land wird entvölkert, die Slums der Städte vermehren sich. Hauptleidtragende sind die Kinder. Woche um Woche kommen 1 Million Neubürger hinzu. Wer nicht als Säugling stirbt, vermehrt die Legion mangelkranker, apathischer Geschöpfe, Zerrbilder ihrer Zukunft..." (Text des Plakates "Hunger tut weh", hg. v. "Brot für die Welt", "MISEREOR" und "AG Kirchlicher Entwicklungsdienst"). Dieser kurze Text weist pointiert, nüchtern, erschütternd auf die Weltsituation hin. Bei etwa 1 Million neugeborener Kinder pro Woche wird sich die Weltbevölkerung im Jahre 2000 verdoppelt haben. Ob sich die damit aufkommenden Probleme ebenfalls verdoppeln, hängt von der frühen Einsicht möglichst vieler Menschen ab, die Hilfe leisten können. Sicher ist freilich heute schon, daß es Probleme geben wird. Eine durchgreifende Hilfe im Sinne der Notbeseitigung ist bereits nicht mehr möglich. Die Welt hat zu lange zugeschaut.
Die Not der Welt bedeutet vor allem für die Christen eine schwere Anklage. Es ist vielerorts nachweisbar, daß das Zeugnis von der Liebe zum Nächsten ins Gegenteil verkehrt wurde. Das böse Wort "Jeder ist sich selbst der Nächste" war leider allzuoft Realität.
Bis auf den heutigen Tag erdrücken Manipulationen der Rohstoffpreise auf dem Weltmarkt die Initiative unterentwickelter Länder. Die Preise werden in der Regel von den Industrienationen diktiert. Produktion von Fertigprodukten wird faktisch den Entwicklungsländern nur begrenzt gestattet. Dazu wären erhebliche Geldinvestitionen notwendig. Die Kredite werden jedoch nicht hinreichend gewährt. Zu den Versäumnissen der reichen Länder kommen geschichtlich gewachsene und verfestigte Binnenstrukturen, die ein Mitbemühen der Entwicklungsländer oft hemmen. Jahrhundertealte soziologische Gegebenheiten, die zumeist noch religiös motiviert werden (z.B. in Lateinamerika: Gehorsam gegenüber den Herrschenden als religiöse Pflicht...) sind nur unter großen Mühen zu verändern. Die Freiheitsbewegungen Afrikas gegen die Kolonialherren brachten nur relativ wenigen Freiheit. Die schwarzen Machthaber machten die gleichen Fehler wie ihre weißen Vorgänger. Mangelnde Fähigkeiten, Entwicklungszeiträume, die in Europa und Nordamerika Jahrhunderte dauerten, in extrem kurzer Zeit zu überspringen und etwa vom Dreschflegel zum Mähdrescher umzusteigen, bringen neue Blockaden, einen sinnvollen Entwicklungsweg einzuschlagen. Vermischung modernster rational fundierter Planungen im weiten Feld der Technologie und traditionelles Verhaften im Primitiv-Religiösen z.B. führen nur selten zum Erkennen der eigenen Möglichkeiten im Entwicklungsprozeß. Die junge Geschichte der befreiten

Völker Afrikas zeigt nur sporadisch hoffnungsvolle Ansätze. Dennoch ist es erforderlich, immer wieder konzertiertes Denken und Verhalten anzuregen, damit alle beteiligten Parteien ihre Aufgabe im Sinne der Weltgestaltung ernst- und wahrnehmen. Es gibt eine Anzahl positiver Ansätze von staatlichen, kirchlichen und anderen Institutionen her, die richtungweisend arbeiten.[1]

Diese wenigen Andeutungen lassen erkennen, daß sich die Probleme von arm und reich im Weltmaßstab in vielerlei Komplexe gliedern, die von Schülern eines dritten Schuljahres nur in wenigen elementaren Ansätzen erkannt werden können. Geschichtlich gewachsene Strukturen, politische und wirtschaftliche Machtkonstellationen, Ideologien und Religionen sind nur einige Bereiche, die zu der prekären Weltsituation beigetragen haben. Mutet man Schülern zu viele verwirrende Informationen zu, könnte leicht Resignation vor der unlösbar scheinenden Aufgabe der Beseitigung der Notprobleme die Folge sein. Es ist wichtig und hinreichend, Schüler in Grundzügen auf die Not in der Welt hinzuweisen. Dies kann nur in einigen wenigen Beispielen geschehen. Phänomene der Not darzustellen und grobe Linien der Gründe für die Not der Menschen, sowie erste Möglichkeiten der Linderung zu zeigen, scheint in dieser Altersstufe auszureichen.

Daß das Thema dieser Einheit in den Religionsunterricht des dritten Schuljahres gehört, ist fast selbstverständlich. Die Not der Welt ist so groß und vielfältig, daß man in pädagogischen und didaktischen Prozessen nicht früh genug mit der Aufklärung der Schüler beginnen kann. Dieses Thema gehört zu den vordringlichen Inhalten, die ständig wiederkehren, damit sich deren Problematik bei den Schülern klärt und sie für ihr Leben klare Positionen beziehen können. Die Vielfalt der Aufgaben im Weltmaßstab ist nur zu durchschauen, wenn ständig neu auf unterschiedliche Weisen auf die Not verwiesen wird und Programme entworfen werden, wie sie zu lindern sind.

Mündigkeit der Schüler ist eines der vorrangigen Erziehungsziele der Schule. Dazu gehört wesentlich die Verantwortung für das eigene Leben. Dieses ist aber zugleich eingebettet in größere Zusammenhänge, auch in den Verantwortungsbereich für die Welt.

Christlicher Religionsunterricht hat immer wieder davon zu zeugen, daß Gottes Schöpfung nicht in einem einmaligen Entwurf fertig und endgültig war. Der Gedanke der Gott-Ebenbildlichkeit des Menschen, wie er sich besonders in der Schöpfungsgeschichte von Gen 1 darstellt, meint vorrangig die Mitverantwortung des Menschen für die von Gott geschaffene Welt. Freiheit, Gerechtigkeit, Frieden für jedermann sind in der Schöpfung als Entwurf enthalten. Sie zu entwickeln, dafür zu arbeiten, sie für jedermann zu fordern ist Aufgabe all derer, die sich in der Kontinuität dieser Schöpfung verstehen. Wer im Religionsunterricht vom

---

[1] *Dort finden sich detaillierte Darstellungen und Analysen der hier angeschnittenen Probleme und Beschreibungen von Hilfsmaßnahmen, z.B.: Brot für die Welt und Kirchlicher Entwicklungsdienst. Hilfen und Anregungen zur Information und Verkündigung. Eine Materialsammlung, Nr. 15, Herbst 1976. Diese Materialsammlung enthält u.a. einen instruktiven Bericht der 4. Welthandelskonferenz in Nairobi 1976.*

Schöpfer-Gott zeugt, spricht immer zugleich vom bewahrenden und erhaltenden Gott. Es ist dann konsequent, sich auch in die Verantwortung für die Not in der Welt mit einzuordnen. Sie ist jedenfalls keine Naturgegebenheit. Sie ist zum großen Teil Schuld der Menschen.

Im konkreten Unterricht sollen die Schüler zunächst über das Bedenken ihrer Situation und einiger Bildbeispiele aus Notgebieten der Welt für die Problematik sensibilisiert werden. Die meisten Schüler haben bereits davon erfahren, im Fernsehen oder Kindergottesdienst. Über einige kleine Beispiele werden sie zum Grundproblem des "Hungerkreises" oder "Armutskreises" geführt, in dem die wichtigsten Stationen erarbeitet werden, die diesen Kreis bedingen. In ersten Ansätzen erkennen sie Auswege. Willi Schneider vom Diakonischen Werk Münster schrieb eigens für diesen Entwurf den kleinen Reisebericht in der 5. Stunde. Den Schülern wird das Leben in einer Schule in Indien beschrieben, das alle notwendigen Faktoren andeutet, die auch im Weltmaßstab zu beachten sind, um die Gesamtproblematik zu lösen. Das Stichwort "Hilfe zur Selbsthilfe" spielt auch hier eine wichtige Rolle. Um sich selber helfen zu können, werden die Schüler ärztlich, schulisch und mit Nahrung versorgt. Neue Anbaumethoden und neue Früchte lassen sie Möglichkeiten im kleinen sehen. Das alte chinesische Sprichwort gilt hier als Motto: "Gib dem Hungernden einen Fisch, und er hat für einen Tag zu essen. Lehre ihn das Fischen, und er hat für sein Leben zu essen."
Die Schüler sollen verstehen, daß Menschen in der Not dieser Art keinen eigenen Ausweg sehen und finden können. Hier geht es nicht um relative Armut, wie wir sie bei uns finden, wo es um reiche und weniger reiche Menschen geht. Bei der Not der Menschen dieser Einheit geht es vielmehr um absolute Armut, die objektiv beschreibbar ist.
Über das Beschreiben der Not hinaus sollten die Schüler eigene Möglichkeiten der Hilfe sehen. Sicher sind diese Hilfsmaßnahmen Tropfen auf den heißen Stein. Dennoch lindern sie Not und halten das Gewissen wach für die anstehenden großen Aufgaben, die nur politisch zu lösen sind. Nichtstun wäre eine fatale Alternative. Nur reges Interesse, im kleinen wachgehalten, führt schließlich zu politischen und damit auch wirtschaftlichen Konsequenzen.

Entwurfsziel

Die Schüler sollen Situationen und Lebensbedingungen von Menschen kennenlernen, die in Not, Armut und Hunger leben. In ersten Ansätzen sollen sie Möglichkeiten der Hilfeleistung großer Organisationen und eigener Versuche erfahren.

C Unterrichtsverlauf

1. Stunde

Thema: Auf der Welt hungern viele Kinder.

Lernintentionen: a. Die Schüler sollen durch Schreiben und Vergleichen von zwei Wunschzetteln an das Hungerproblem herangeführt werden.
b. Durch die Begegnung mit hungernden Kindern in einem Bild sollen sie erste Fragen nach dem Grund des Hungerns stellen.

Inhalt	Methode/ Unterrichtsform	Medien/Materialien*
1. Die Schüler erhalten vom Lehrer den Auftrag, einen Wunschzettel für Weihnachten oder für den Geburtstag zu schreiben. Dabei dürfen sie wünschen, was sie wollen. Selbst solche Wünsche sind möglich, die wahrscheinlich nicht erfüllt werden können.	Einzelarbeit Schreiben	Religionsheft, Schreibzeug
2. Möglichst viele Schüler lesen ihre Wünsche vor.	Schülerdarbietungen	
3. Lehrer: Ihr habt viele Wünsche genannt. Mir fällt auf, daß ihr einen Bereich ganz ausgelassen habt. (Es ist wahrscheinlich, daß die Kinder den Essenbereich ausklammern. Sollten "Süßigkeiten" bei den Wünschen vorkommen, so ist der geplante Lernschritt dennoch sinnvoll. Süßigkeiten gehören in den Bereich der "Luxusgüter". Gemeint sind hier Speisen, die lebensnotwendig sind. Die Schüler vermuten schließlich und kommen auf die Lösung: Sachen zum Essen sind selbstverständlich, die brauchen wir nicht zu wünschen.	gelenktes Unterrichtsgespräch	
4. Ohne Überleitung zeigt der Lehrer das Plakat "Hunger tut weh" mit zwei unterernährten Kindern. Hier kann auch irgendein anderes Bild eines hungernden Kindes gewählt werden, das dem Lehrer leichter zugänglich ist. Die Schüler äußern sich und ziehen Verbindungen zu den Defiziten ihres Wunschzettels. Dabei erzählen sie möglicherweise zu dem	Lehrerdarbietung gelenktes Unterrichtsgespräch	M 1: Plakat "Hunger tut weh"

Die genauen Angaben zu den in dieser Rubrik abgekürzt aufgeführten Büchern und Medien finden sich im Literaturverzeichnis S. 153.

Inhalt	Methode/ Unterrichtsform	Medien/Materialien
Titel des Bildes. Vielleicht erwähnen sie eigene kleine Erlebnisse, bei denen sie Hunger verspürten. (Der kleingedruckte Text des Plakates wird in der Stunde nicht näher beachtet. Sollte ihn jemand als störend empfinden, läßt er sich leicht abdecken oder zukleben.)		
5. Lehrer: Schreibt einmal einen Wunschzettel aus der Sicht eines hungernden Kindes. Die Jungen sollen Awini und die Mädchen Sinu heißen. Der Wunschzettel hat dann folgende Überschrift: Awini wünscht sich bzw. Sinu wünscht sich.	Einzelarbeit Schreiben	Religionsheft, Schreibzeug
6. Die Schüler lesen ihren Wunschzettel vor. Sie vergleichen ihn mit dem ersten. Sie stellen fest, daß beim zweiten Essenswünsche am Anfang stehen.	Schülerdarbietungen gelenktes Unterrichtsgespräch	
7. Lehrer: Es gibt viele Kinder auf der Welt, die nicht wissen, ob sie am nächsten Tag überhaupt etwas zu essen bekommen. Viele sind so arm, daß sie verhungern werden.	Lehrererzählung	

7

2. Stunde

Thema: wie 1. Stunde

Lernintentionen: a. Die Schüler sollen anhand von Bildern Hungergebiete kennenlernen.
b. Sie sollen sehen, daß oft ungünstige natürliche Verhältnisse (Hitze, Dürre...) die Ursache sind.
c. Sie sollen durch das Bedenken der unterschiedlichen Lebensverhältnisse in Hungergebieten und bei uns für die Not anderer Menschen aufgeschlossen werden.

1. Der Lehrer zeigt Dias, die das Elend der Menschen in Hungergebieten darstellen. Die Schüler äußern sich zu den Bildern, erzählen über ihren Inhalt und vermuten Ursachen für das Elend.	Lehrerdarbietung gelenktes Unterrichtsgespräch	M 2: Bilder 2, 9, 3, 6 aus der Mappe von Terre des Hommes, "Informationen aus Indien"

Inhalt	Methode/ Unterrichtsform	Medien/Materialien
2. Je zwei Schüler erhalten zwei verschiedene Arbeitsblätter. Lehrer: Schaut euch mit euerm Nachbarn die beiden Bilder an. Sprecht darüber. Vergleicht sie. Ordnet den Bildern die dazu passenden Wörter aus der Wörterliste zu. Jeder darf ein Arbeitsblatt vervollständigen. (Der Lehrer hat die Wörterliste vorher an die Tafel geschrieben: Brot, Hitze, Geschäft, Schule, Hütte, Arzt, Obst, Trockenheit, Armut, Spielzeug, Autos, Durst, Sonne, Maschinen, Eis, Garten, Dürre, Fleisch, Felder, Hunger, Holzpflug, Gebäck, Schwimmbad.)	Partnerarbeit Tafelanschrift	Arbeitsblatt 18: Lebensbedingungen in einem Hungergebiet Arbeitsblatt 19: Lebensbedingungen bei uns
3. Einige Schülerpaare lesen ihre Ergebnisse vor.	Schülerberichte	

3. Stunde

Thema: Eine arme Familie in Kalkutta.

Lernintentionen: a. Die Schüler lernen eine Familie kennen, deren Not beispielhaft für viele ist.
b. Sie erkennen, daß sich die Bedürfnisse der Familie auf das Notwendigste zum Leben beziehen.

1. Der Lehrer liest die Geschichte von Elfriede Becker "Rauch verhüllt die Sterne von Kalkutta" vor. Die Schüler äußern sich.	Lehrerdarbietung freies Unterrichtsgespräch	"Vorlesebuch Religion 2", S. 310–312
2. Lehrer: In der letzten Stunde haben wir aufgezählt, was viele arme Menschen auf der Welt nicht besitzen. Heute habt ihr von Durga und ihrer Familie gehört. Sagt, was diesen Menschen fehlt. Die Schüler zählen auf, was sie der Geschichte direkt oder indirekt entnehmen. Der Lehrer schreibt die Aussagen der Schüler in Kurzform an die Tafel. Genannt werden möglicherweise Haus, Arbeit, Bett, Geld, Nahrung, Kleidung, Schule, Ofen, Töpfe, Geschirr, Spielzeug, frische Luft...	gelenktes Unterrichtsgespräch Tafelanschrift	Tafel, Kreide

Inhalt	Methode/ Unterrichtsform	Medien/Materialien
3. Lehrer: Überlegt einmal, was die Kinder wohl vor dem Schlafengehen zu ihren Eltern sagen. Was mögen die Eltern antworten? Bereitet in eurer Gruppe ein Gespräch zwischen Kindern und Eltern vor. Jede Gruppe stellt eine Familie dar.	Gruppenarbeit	
▶ Lehrer: Malt die Situation der Familie vor der Stadt. Wählt dazu die passenden Farben. Denkt dabei auch an die Überschrift der Geschichte.	Einzelarbeit Malen	Religionsheft, Farbstifte
4. Die Schüler spielen ihre Gruppenergebnisse. Die "Zuschauer" nehmen Stellung dazu.	Rollenspiel gelenktes Unterrichtsgespräch	
▶ Einige Schülerarbeiten werden kurz dargestellt und diskutiert.	gelenktes Unterrichtsgespräch	Schülerarbeiten

| 4. Stunde |

Thema: Der Hungerkreis.

Lernintentionen: a. Die Schüler sollen erkennen, daß bestimmte Bedingungen zu Armut und Hunger führen.
b. Sie sollen verstehen, daß Menschen diesen Kreis des Elends nicht ohne fremde Hilfe verlassen können.

1. Lehrer: Erzählt noch einmal die Geschichte von Durga und ihrer Familie. Die Schüler erzählen frei.	Schülererzählungen	
Im Gespräch werden all die Faktoren aufgezählt, die die Armut Durga's bedingen. Der Lehrer schreibt sie in Kurzform an die Tafel.	gelenktes Unterrichtsgespräch Tafelanschrift	Tafel, Kreide
▶ Jeder Schüler schreibt seinen Beitrag in Kurzform an die Tafel.	Tafelanschrift	Tafel, Kreide

Inhalt	Methode/ Unterrichtsform	Medien/Materialien
3. Der Lehrer zeichnet einen großen Kreis an die Tafel. Lehrer: Ihr habt eine Anzahl von Wörtern genannt, welche die Not der Menschen beschreiben. Manche davon haben Armut und Hunger zur Folge. Nennt einmal die Wörter, die am deutlichsten erkennen lassen, daß sie auf Armut und Hunger hinweisen. Schreibt sie in einer Reihenfolge außen an den Kreis, so daß ein Wort aus dem anderen folgt. Die Schüler vermuten und ordnen die bereits an der Tafel stehenden Ergebnisse. Lehrer: Überlegt einmal, wie wir diesen Kreis näher bezeichnen könnten. Die Schüler werden schnell auf Begriffe wie Armutskreis, Elendskreis, Hungerkreis ... kommen.	Tafelzeichnung gelenktes Unterrichtsgespräch Tafelanschrift	Tafel, Kreide
4. Lehrer: Zeichnet mit Bleistift einen großen Kreis in euer Heft und übertragt den Text der Tafel. Evtl., wenn die Zeit reicht, sonst als Hausaufgabe: Malt ein Bild in den Kreis, das das außen Geschriebene besonders treffend darstellt. In einem kurzen Gespräch werden einige Möglichkeiten genannt.	Einzelarbeit Malen Evtl. Hausaufgabe	Religionsheft, Schreibzeug, Bleistift, Farbstifte

 5. Stunde

Thema: Eine Schule in der Nähe von Kalkutta.

Lernintentionen: a. Die Schüler sollen erste Ansätze der Hilfe aus der Not formulieren.
b. Sie sollen an einem kleinen Beispiel erkennen, wie bereits praktizierte Hilfe aussehen kann.
c. Sie sollen Hilfemöglichkeiten für ihren kleinen Lebensbereich bedenken und möglicherweise realisieren.
d. Sie lernen die Namen einiger großer Hilfsorganisationen kennen.

Inhalt	Methode/ Unterrichtsform	Medien/Materialien
1. Der Lehrer zeichnet einen Kreis an die Tafel und schreibt darüber: *Armutskreis/Hungerkreis* Die Schüler erzählen dazu und schreiben die einzelnen Faktoren an den Kreis, die zur Armut führen.	Tafelbild gelenktes Unterrichtsgespräch Tafelanschrift	Tafel, Kreide
2. Lehrer: Ihr habt wiederholt gesehen, daß sich das Leben der armen Menschen im Kreise bewegt. Aus eigener Hilfe kommen sie aus ihrer Not nicht heraus. Stellt euch einmal vor, ihr wäret eine Gruppe von Experten, die Pläne entwerfen müßte, wie man den armen Menschen helfen könnte. Ihr habt viele Möglichkeiten. Überlegt und diskutiert sie in eurer Gruppe.	Gruppenarbeit	
3. Einige Gruppen stellen ihre Ergebnisse dar. Der Lehrer skizziert die wichtigsten Ergebnisse an der Tafel.	Schülerberichte Tafelanschrift	Tafel, Kreide
4. Lehrer: Es gibt bereits viele Hilfsmaßnahmen auf der Welt. Ein kleines Beispiel lese ich euch vor. Der Lehrer liest den Reisebericht von Willi Schneider und zeigt dazu einige Bilder.	Lehrerdarbietung	M 3: "Reisebericht" Dias Nr. 5–7 am Schluß dieses Buches (vgl. S. 159 sowie M 4: Dias Nr. 5–7)
5. Die Schüler äußern sich. Der Lehrer erarbeitet mit den Schülern mit Hilfe der Bilder die wichtigsten Aussagen der Geschichte. "Hilfe zur Selbsthilfe" sollte in der Tendenz erkennbar sein. Dabei braucht der Terminus nicht vorzukommen.	Erarbeitung der Geschichte gelenktes Unterrichtsgespräch	

6. Stunde

Thema: Auch wir können helfen.

Lernintentionen: a. Die Schüler sollen erkennen, daß auch sie mithelfen können, Not zu lindern.
b. Die Schüler sollen eine Hilfsmaßnahme nach ihren Möglichkeiten beschließen und durchführen.

1. Die Schüler tragen noch einmal die Ergebnisse der Gruppenarbeit aus der letzten Stunde zusammen. Der Lehrer schreibt sie in Kurzform an die Tafel.	gelenktes Unterrichtsgespräch Tafelanschrift	Tafel, Kreide

Inhalt	Methode/ Unterrichtsform	Medien/Materialien
2. Der Lehrer gibt den Schülern ein Arbeitsblatt mit einem Zeitungsartikel von einer Hilfsaktion eines vierten Schuljahres. Die Schüler lesen den Text und nehmen dazu Stellung.	Einzelarbeit Lesen freies Unterrichtsgespräch	Arbeitsblatt 20: Erfolgreiche Losaktion...
3. Im Gespräch werden die Aussagen des Arbeitsblattes diskutiert. Wahrscheinlich werden die Schüler spontan fragen, ob sie nicht Ähnliches unternehmen könnten. Hier sollten dann realistisch genug Möglichkeiten der eigenen Hilfe bedacht werden. Die Spontaneität der Schüler bedeutet eine gute Motivation für eine Aktion, die hier nicht festgelegt werden soll. Es gibt viele Möglichkeiten. Wichtig ist nur, daß die beschlossene Maßnahme konsequent zu Ende geführt wird. In kleinen Schritten liegen die Möglichkeiten privater Initiativen. Zu dem Vorhaben gehört schließlich auch das Entwickeln des Weges der Hilfsmaßnahme vom Spender zum Empfänger. (Beispiele: Geldspenden, Sammeln von Altpapier und Kleidern, Übernahme einer Patenschaft für ein Kind aus einem Entwicklungsland, ca. 40,– DM monatlich...)	gelenktes Unterrichtsgespräch	
Evtl. 4. Die Schüler lernen mit Hilfe der Schallplatte das Lied "Wie ein Tropfen auf den heißen Stein". Die Schüler erhalten den Text des Liedes auf einem Blatt.	Liederarbeitung gemeinsames Singen	M 5: Schallplatte "Wie ein Tropfen auf den heißen Stein" Liedtext

Hinweis: Da die Aktion in den weiteren Religionsstunden eine Rolle spielen wird, kann das Lied durch wiederholtes Singen gefestigt werden.

D Medien

M 1

"Hunger tut weh"

Plakat, kostenlos erhältlich bei "Brot für die Welt", Diakonisches Werk der EKD, Stafflenbergstraße 44, 7000 Stuttgart, sowie "MISEREOR", Bischöfliches Hilfswerk e. V., Mozartstraße 9, 5100 Aachen.

M 2

"Informationen aus Indien"

Dias und Texte, Terre des Hommes Deutschland e. V., Postfach 4126, 4500 Osnabrück, 12,– DM; 21 Farbdias, 12 Seiten Text.
Bilder und Texte (Zeitungsartikel, Kommentare und Informationen zu den Bildern) stellen die Probleme Indiens dar. Sie bedeuten Appelle an die, die Menschen in Not helfen können. Dies entspricht den Programmen von Terre des Hommes.

M 3

Reisebericht

Schon über eine Stunde fahren wir mit unserem Jeep über die Landstraße nach Westen. Wir sind froh, daß Kalkutta, die riesig große Stadt am Ganges, hinter uns liegt. Viel Elend haben wir gesehen: Familien, die keine Wohnung haben und auf dem Bürgersteig vor den großen Häusern übernachten. Unzählige Kinder, die uns ihre leeren Hände entgegenstrecken und um eine Münze bitten. Leise murmeln sie vor sich hin: "Keine Mama, keinen Papa und Hunger."
Doch auch hier draußen auf dem Land ist es nicht viel besser. In Scharen laufen die Kinder hinter unserem Auto her. Sie können nicht zur Schule gehen, weil es hier nicht so viele Schulen gibt und die Eltern kein Geld haben, um Bücher, Tafeln und Schreibstifte zu kaufen. Nur die Kinder wohlhabender Eltern können eine Schule besuchen.
Nach mehrstündiger Fahrt halten wir an einem langen, flachen Haus. Es sieht aus wie ein Schuppen. Aber es ist eine Schule für die Kinder der Armen. Schon von weitem hören wir, wie die Kinder im Chor die Wörter nachsprechen, die ihnen der Lehrer vorsagt. Sie lernen lesen und schreiben. Die meisten Kinder in dieser Gegend können das nicht. Deshalb werden sie später keinen Beruf erlernen und nur schwerlich Arbeit finden. Nur wer lesen und schreiben kann, hat gute Aussichten für die Zukunft. Er braucht dann vielleicht nicht zu betteln und zu hungern. Deshalb gehen die Kinder hier gern zur Schule.
Weil man mit einem hungrigen Magen schlecht lernen kann, erhalten alle Kinder jeden Tag eine warme Mahlzeit. Das Gemüse und die Kartoffeln ziehen sie selbst auf in einem großen Schulgarten, der das Gebäude umgibt. Da wachsen Gurken, Kürbisse, Melonen und Tomaten. Sogar Apfel- und Birnbäume gedeihen neben den Bananenstauden und Kokospalmen. Die Kinder sollen hier neue Früchte kennen lernen, die bisher in dieser Gegend unbekannt waren. Auch einen Hühnerhof gibt es und Kaninchenställe. Später sollen sie bei ihrem Haus oder ihrer Hütte solche Gärten und Kleintierställe anlegen, um sich selbst versorgen zu können.
Mit uns waren der Arzt und eine Krankenschwester gekommen. Sie untersuchen alle Kinder. Manche bekommen Medizin, die sie stolz mit nach Hause nehmen.
Alles – die Schule, die Lehrer, die Bücher, Tafeln und Griffel, die Pflanzen für die Gärten, das Kleinvieh, der Doktor und die Krankenschwester – alles wird bezahlt aus den Spendengeldern, die aus Deutschland und anderen Ländern in Europa nach Indien geschickt werden. Hilfswerke wie "Brot für die Welt", "Misereor" und die "Welthungerhilfe" sammeln das Geld, um den Kindern in Indien und anderswo zu helfen.
Als wir wieder abfahren, schenken die Kinder uns einen Apfel und ein Ei. Diesmal konnten sie selber etwas geben. Darüber freuten sie sich am meisten.

Willi Schneider

M 4

Dia Nr. 5: Kinder im Schulgarten

Kinder im Garten vor ihrer indischen Schule in der Umgebung von Kalkutta. Dieser Schulgarten gehört zum Kinderspeisungsprogramm der Aktion "Brot für die Welt". Kinder erhalten zusätzliche Nahrung nur, wenn sie durch Anbau von Gemüse ihren eigenen Teil beitragen und lernen, wie man vitaminhaltige Nahrung selber produziert. "Brot für die Welt" will also nicht nur Kinder füttern, sondern zur Selbsthilfe anregen.

Dia Nr. 6: Kind mit Medizinflaschen

Das Kind mit den Medizinflaschen stammt aus derselben indischen Schule. Zu dem Hilfsprogramm von "Brot für die Welt" gehört auch eine regelmäßige medizinische Untersuchung. Wo Krankheiten oder Mangelerscheinungen festgestellt wurden, erhält das Kind gleich in der Schule bei der Untersuchung die Medizin mit nach Hause. Der Junge hat soeben stolz seine Medizinflaschen erhalten.

Dia Nr. 7: Kind mit Tafel

Das Bild zeigt ein allgemeines Motiv aus indischen Schulen: Entwicklung der Lernfähigkeit, Ernährung und Gesundheitszustand hängen eng zusammen. Nur wo eine vernünftige Ernährungsgrundlage mit Eiweiß und Vitaminen vorhanden ist, kann sich auch der richtige Schulerfolg einstellen. Deshalb bevorzugt "Brot für die Welt" Programme, die sich unmittelbar auf die Kinder auswirken, weil dies ein direkter Beitrag zur Zukunft eines Landes ist.

M 5

wie ein tropfen auf den heißen stein

einer der sein kleid abgibt
einem armen kind
der ist wie ein tropfen auf den heißen stein
er kann der anfang eines regens sein
er kann der anfang neuen lebens sein

einer der die tür aufschließt
dem der draußen friert
der ist wie ein tropfen auf den heißen stein
er kann der anfang eines regens sein
er kann der anfang neuen lebens sein

einer der das brot austeilt
dem der hunger hat
der ist wie ein tropfen auf den heißen stein
er kann der anfang eines regens sein
er kann der anfang neuen lebens sein

aus: *Brot für die Welt. Songs, gesungen von Bill Ramsey, Pädagogischer Verlag Schwann, Düsseldorf 1974. (30 cm – 2'20" – 33 UpM).*
Text: Hans-Jürgen Netz / Musik: Peter Janssens
Rechte im Peter Janssens Musik Verlag, D-4404 Telgte;
aus: Singheft und Partitur, Ehre sei Gott auf der Erde.

8 Der Glaube der Moslems

A Übersichtsplan

Thema	Inhalt in Stichworten	Verknüpfung zu anderen Themen
8.1 Johannes und der Moslem Abdul	Geschichte "Johannes"	4.6 Jesus ißt mit dem Zöllner Zachäus 6.1 Vorurteile machen Menschen unglücklich
8.2 Die Moslems beten zu Allah und verehren den Propheten Mohammed	Sachtext über den Islam Sachfragen und Begriffe des Islam	
8.3 Viele Moslems leben in Arabien	Bilder zu Lebensbedingungen und Lebensgewohnheiten der Moslems Sachzeichnungen zu Moschee, Minarett, Muezzin, betendem Moslem, Mekka mit Kaaba	
8.4 Die fünf "Pfeiler" des Islam	Erarbeiten der fünf "Pfeiler" des Islam anhand eines Arbeitsblattes	9.4 Viele Menschen beten auf ihre eigene Art
8.5 Das Beiramfest der Moslems	Geschichte "Das Beiramfest" Vergleich von Beiramfest und christlichem Weihnachtsfest	4.6 Jesus ißt mit dem Zöllner Zachäus 6.1 Vorurteile machen Menschen unglücklich 6.6 Alle Menschen auf der Welt sind wichtig und wertvoll
8.6 Moslems und Christen leben in Deutschland zusammen	Letzter Abschnitt der Geschichte "Das Beiramfest" Rollenspiele über die Antwort der Gäste an die Wirtin ▶ Tonbandaufnahme des Gespräches	4.6 Jesus ißt mit dem Zöllner Zachäus 6.1 Vorurteile machen Menschen unglücklich 6.6 Alle Menschen auf der Welt sind wichtig und wertvoll

B Theologisch-didaktische Überlegungen

Noch vor etwa zehn Jahren wurde im schulischen Religionsunterricht die Frage nach dem Kennenlernen fremder Religionen und andersgläubiger Menschen von den Schülern zunächst aus dem Gefühl der Langeweile angesichts längst bekannter Themen erhoben. Vor dem siebten Schuljahr war sie fast ausgeschlossen. Echtes, existentiell begründetes Interesse war nur selten der Grund für den Wunsch, über den "Zaun" christlichen Religionsunterrichts zu schauen. In den unteren Klassen der heutigen Sekundarstufe I oder gar der Primarstufe war die Beschäftigung mit fremden Religionen kaum im Blick.

Die Einstellungen zu Andersgläubigen haben sich bei Schülern und Lehrern in den letzten Jahren grundlegend gewandelt. Eine große Zahl von Gastarbeitern brachte nicht nur Probleme sozialer und sprachlicher Integration, sondern auch Fragen nach dem Anderssein in der Glaubenseinstellung und Ausübung von Glaubensformen. Ganz massiv traten sie bei der Berührung mit Angehörigen des Islam zutage. Die meisten türkischen Gastarbeiter sind Moslems. Für viele Menschen gehörte der Islam bis dahin in die Welt Arabiens, in Zusammenhänge von Urlaubsabenteuer oder Exotik, Geschichtsbüchern und Karl-May-Bänden. Hautnahe Berührung mit dem Glauben moslemischer Menschen hatten nur wenige. Heute sind solche Beziehungen einfach vorhanden. Die Frage ist nur, wie sie aufgenommen und im Leben integriert sind.

Es gibt vereinzelt Türkenkinder in deutschen Schulklassen; in manchen Städten wurden ganze Klassen mit türkischen Gastarbeiterkindern gebildet. Wie die Organisationsform des Zusammenlebens auch sein mag, die Andersartigkeit der Glaubensvorstellungen wird spätestens deutlich, wenn sich die Schüler zum Religionsunterricht trennen. Nur selten bleiben die moslemischen Kinder im christlichen Religionsunterricht. Geschieht es, tauchen dennoch Fragen nach der Eigenart der verschiedenen Glaubensgehalte auf. Dies gibt es heute – fast mit Selbstverständlichkeit – bereits in der Primarstufe.

In manchen Regionen, wo sich türkische Gastarbeiter konzentriert haben, drängt sich der Islam in das europäische Tagesgeschehen sichtbar und hörbar hinein. So entstand bereits im Jahre 1970 die erste Moschee in der Bundesrepublik. Der "Rheinische Merkur" schrieb im November 1970: "Immer, wenn in der mittelhessischen 15 000-Einwohner-Gemeinde Stadt Allendorf ... die Glocken der drei katholischen Kirchen zu Mittag läuten, mischen sich in die wohlvertrauten Klänge deutschen Gemeindelebens ungewohnte Laute: Vom schlanken Stahlrohrturm eines grüngestrichenen Barackengebäudes schallt die Stimme des Muezzin und ruft die Gläubigen Allahs zum Gebet. Für die orientalische Variante im akustischen Erscheinungsbild der hessischen Kleinstadt sorgte die Eisengießerei Fritz Winter. Sie baute für ihre 1090 türkischen Gastarbeiter eine Moschee, die es zwar äußerlich nicht aufnehmen kann mit den Prachtbauten des Islam im

Orient, die jedoch trotz ihrer äußeren Schlichtheit bemerkenswert erscheint, denn sie ist die erste Moschee in der Bundesrepublik, die ein Industriebetrieb bauen ließ, um seinen islamischen Mitarbeitern Gelegenheit zu voller Religionsausübung zu geben."

Diese Moschee blieb nicht die einzige in der Bundesrepublik. So wie es jüdische Synagogen auf deutschem Boden gibt, fanden auch Moslems Wege, ihrem Glauben in einem entsprechenden Gebäude mit seinen bestimmten religiösen Funktionen Ausdruck zu verleihen.

Eine solch deutliche und erkennbare Existenz andersgläubiger Menschen bedeutet eine intellektuelle und affektive Herausforderung für einen christlichen Religionsunterricht. Die Fragen nach dem Andersdenkenden und Andersglaubenden drängen sich einfach auf und müssen beantwortet werden. Sicher nicht unbestritten bleibt der Zeitpunkt für die Thematisierung des Islam im Religionsunterricht.

Mit Recht haben neuere Lehrpläne und Schulbücher (zuerst "Arbeitsbuch: Religion") die Bedeutung der Weltreligionen für die Primarstufe erkannt.

Sich mit den Problemen des jüdischen Glaubens zu befassen, liegt nahe, da es seit je jüdische Gemeinden in Deutschland gibt und gerade die Unwissenheit gegenüber jüdischem Religionsverständnis Mißtrauen und Haß zur Folge hatte. Beim Islam ist die Motivation durch das oft intensive Zusammenleben von Moslems und Christen in der Schule, am Arbeitsplatz, in der Familie gegeben. Die Berührungen mit Hindus und Buddhisten sind hingegen nur selten und gehören noch in den Bereich von Literatur, Fernsehen oder Reise. Hinzu kommt, daß eine Darstellung (wie knapp dies auch immer geschehen mag) der vier großen Weltreligionen schon von den anfallenden Informationen her eine Überforderung bedeutet. Das "Daß" der Beschäftigung scheint nicht mehr in Frage zu stehen. Es kommt wohl heute auf das "Wie" und "Wieviel" an.

Die Verfasser haben die Priorität beim Islam gesetzt. Letztes Ziel der Unterrichtseinheit kann es in einem dritten Schuljahr nur sein, erste Fragen an den Glauben der Moslems zu stellen, die rechten Formulierungen zu finden und einige Antworten zu geben, die im Sinne des Verstehens und der Information gedacht sind. Wenn man vom anderen nichts oder nicht viel weiß, muß man sich zunächst informieren. Hier sollte es nicht darum gehen, den christlichen Glauben auf dem Hintergrund des Islam besser zu profilieren. Vielmehr muß das Kennenlernen einiger weniger tragender Elemente den Schwerpunkt bilden. Alles vorschnelle Abheben gegenüber dem eigenen Glauben führt zu leicht in die Besserwisserei und in das falsche Gefühl von Überlegenheit. Gedanken der Missionierung des anderen sollten in dieser Phase beiseite bleiben. Wenn am Ende der Einheit ein Bezug zum christlichen Weihnachtsfest hergestellt wird, dann nur, um den Stellenwert des Beiramfestes hervorzuheben, um zu verdeutlichen, daß es ein großes Fest von vergleichbarer Bedeutung auch im Islam gibt.

In einer Einheit, deren Priorität in der Information liegt, kommt zwangsläufig der emotionale Aspekt zu kurz. Singen, Malen, Spielen und ähnlichen Ausdrucksformen des Unterrichts sind bei dieser Thematik Grenzen gesetzt. Es geht

ja nicht um das Einführen in das Leben des Islam im Sinne der Identifikation. Bei aller angestrebten Nähe bleibt für einen Christen in der Zielformulierung doch eine Distanz. Emotional geprägte Unterrichtsverfahren verringern oder heben diese Distanz auf und verbauen das Finden klarer Vorstellungen und Grenzziehungen. Verstehenwollen des anderen bedeutet nicht zugleich Aufheben eigener Ausdrucksformen und Annehmen der Formen des anderen.
Bei aller Vorläufigkeit der Verstehensmöglichkeiten muß deutlich sein, daß dieses Thema irgendwann — bei großer Herausforderung möglichst früh — erneut aufgegriffen werden muß. Damit ist es jedoch keineswegs erschöpft. Die Herausforderung bleibt als ständiger Lernprozeß vorhanden. Religiöses Verstehen gehört zu den vordringlichen Aufgaben der Welt. Ohne dieses sind alle Friedensbemühungen unter Völkern vergebens. Die Beispiele im Vorderen Orient und aktuell jetzt in Uganda zeugen hinreichend davon.

Entwurfsziel

Die Schüler sollen einige Kenntnisse über den Glauben der Moslems erhalten. Sie sollen wissen, daß Allah ihr Gott und Mohammed ihr Prophet ist. Die Begriffe Moschee, Minarett, Muezzin, Moslem, Mekka sollen sie mit Inhalt füllen können. Die Pilgerreise nach Mekka, das fünfmalige Beten am Tage, das Glaubensbekenntnis zu Allah, das Gebet überhaupt, das Spenden von Almosen für die Armen sollen sie als die fünf Pfeiler des Islam verstehen.

C Unterrichtsverlauf

1. Stunde

Thema: Johannes und der Moslem Abdul.

Lernintentionen: a. Die Schüler sollen erkennen, daß es Menschen mit unterschiedlichen Glaubensvorstellungen gibt.
b. Sie sollen einige religiöse Verhaltensweisen und Einstellungen eines Moslem kennenlernen.
c. Sie sollen erkennen, daß sich menschliche Beziehungen zum Guten verändern können, wenn man mehr vom Glauben des anderen weiß.

Inhalt	Methode/ Unterrichtsform	Medien/Materialien*
1. Der Lehrer liest die Geschichte "Johannes" von Gina Ruck-Pauquèt vor.	Lehrerdarbietung	M 1: "Johannes"
2. Die Schüler äußern sich. Sie formulieren Empfindungen wie Mitleid, Parteinahme und stellen Verstehensfragen zu unklaren Textstellen. Im Gespräch werden etwa folgende Fragen bedacht: – Warum ist Johannes enttäuscht? – Warum wirft Abdul die Wurst weg? – Warum weist Abdul das Geschenk nicht zurück? oder: Warum gibt Abdul die Wurst nicht zurück? – Warum betet Abdul im Keller?		

Hinweis: In vielen Schulen gibt es moslemische Schüler. Wahrscheinlich können manche Schüler eigene Erfahrungen mit Andersgläubigen erzählen.

3. Lehrer: Abdul darf als moslemischer Gläubiger kein Schweinefleisch essen. Schreibt an die Tafel, welche Fleischspeisen er nicht essen darf (Schnitzel, Rollbraten, Mett...).	Tafelanschrift	Tafel, Kreide
4. Ein Schüler liest den Tafeltext laut vor.	Lesen	
5. Die Schüler schreiben einige Beispiele für Fleischspeisen an die Tafel, die Moslems erlaubt sind. Hierzu gibt es eine Reihe von Möglichkeiten (Hühnerfleisch, Wild, Rouladen...).	Tafelanschrift	Tafel, Kreide
6. Ein Schüler liest den Tafeltext laut vor.	Lesen	

* *Die genauen Angaben zu den in dieser Rubrik abgekürzt aufgeführten Büchern und Medien finden sich im Literaturverzeichnis S. 153.*

Inhalt	Methode/ Unterrichtsform	Medien/Materialien

2. Stunde

Thema: Die Moslems beten zu Allah und verehren den Propheten Mohammed.

Lernintentionen: a. Die Schüler sollen Näheres über die Moslems und ihren Glauben erfahren.
b. Sie sollen die Bedeutung von Allah, Mohammed und Mekka für den Islam erkennen.

1. Die Schüler erzählen die Geschichte "Johannes" aus der letzten Stunde noch einmal. Sie berühren dabei die bereits angesprochenen Probleme.	gelenktes Unterrichtsgespräch	M 1: "Johannes"
2. Der Lehrer gibt den Schülern ein Arbeitsblatt mit einem Sachtext über den Islam. Die Schüler lesen den Text still durch; dann lesen ihn einige Schüler nacheinander laut vor.	stilles und lautes Lesen	Arbeitsblatt 21: Die Moslems
3. Die Schüler versuchen, die Informationen des Textes mit eigenen Worten wiederzugeben.	Schülererzählungen freies Unterrichtsgespräch	
4. Einige Sachfragen und Begriffe werden näher bedacht. Die auf dem Arbeitsblatt eingetragenen Begriffe Allah, Mohammed, Prophet, Mekka, Arabien werden im Klassengespräch erläutert. Einige Dias verdeutlichen die Informationen. Der Lehrer schreibt die Begriffe nacheinander an die Tafel. Lehrer und Schüler formulieren gemeinsam kurze Erklärungen.	gelenktes Unterrichtsgespräch Lehrerdarbietung Tafelanschrift	Bilder 21, 3, 47, 48 aus dem Tonbild "Islam", Ev. Zentralbildkammer, Bielefeld (Reihe "Religionen der Welt") 76 Farbdias, 30 Min. Tafel, Kreide
5. Die Schüler übertragen den Tafeltext auf ihr Arbeitsblatt neben den Sachtext.	Einzelarbeit Schreiben	Arbeitsblatt 21 Schreibzeug
6. Lehrer: Klebt das Arbeitsblatt zu Hause in euer Religionsheft.	Hausaufgabe	

Inhalt	Methode/ Unterrichtsform	Medien/Materialien

3. Stunde

Thema: Viele Moslems leben in Arabien.

Lernintentionen: a. Die Schüler sollen Näheres über das Leben und die Lebensbedingungen der Moslems erfahren.
b. Sie lernen die Begriffe Moschee, Minarett und Muezzin kennen.

1. Der Lehrer zeigt den Schülern Dias, welche die Lebensbedingungen und Lebensgewohnheiten der Moslems dokumentieren. Im Klassengespräch und durch die Informationen des Lehrers (Erzählung) erfahren die Schüler die wichtigsten Merkmale des islamischen Lebens.	Lehrerdarbietung gelenktes Unterrichtsgespräch	Text für den Lehrer: "Vorlesebuch Religion 1", S. 347 Bilder 6, 10, 54, 57, 58, 14, 76, 3, 47, 48, 19 (möglicherweise in Auswahl) aus dem Tonbild "Islam"
2. Die Schüler erhalten ein Arbeitsblatt mit Sachzeichnungen und dazugehörigen Begriffen. Sie schneiden die Details aus, kleben sie zu einer sinnvollen Szene zusammen und versehen sie mit den entsprechenden Begriffen.	Einzelarbeit Schneiden, Kleben Schreiben	Arbeitsblatt 22/23 (Moschee, Minarett, Muezzin, betender Moslem, Mekka mit Kaaba)
3. Einige Schüler stellen ihre Arbeiten vor.	Schülerberichte	Schülerarbeiten

4. Stunde

Thema: Die fünf "Pfeiler" des Islam.

Lernintention: Die Schüler lernen die fünf wichtigsten Glaubensinhalte der Moslems kennen.

1. Die Schüler erhalten ein Arbeitsblatt mit einem Sachtext und der Zeichnung eines Gebäudes, das von fünf Pfeilern getragen wird. Im Sachtext sind die wichtigsten Glaubensformen des Islam enthalten. Sie werden im stillen Lesen durch Unterstreichen und im Klassengespräch erarbeitet.	Texterarbeitung stilles Lesen gelenktes Unterrichtsgespräch	Arbeitsblatt 24

Inhalt	Methode/ Unterrichtsform	Medien/Materialien
2. Die schwierigen Wörter werden vom Lehrer oder von Schülern an die Tafel geschrieben und mit Hilfe des Sachtextes im Gespräch erklärt.	gelenktes Unterrichtsgespräch Tafelanschrift	Tafel, Kreide
3. Im Gespräch nennen die Schüler noch einmal die fünf tragenden Elemente (Pfeiler) des Islam: *Pilgerreise* *Beten* *Bekenntnis* *Fasten* *Almosen (Spende für die Armen)* Die Schüler bezeichnen die fünf Pfeiler im Arbeitsblatt.	gelenktes Unterrichtsgespräch Einzelarbeit Schreiben	Arbeitsblatt 24, Schreibzeug

5. Stunde

Thema: Das Beiramfest der Moslems.

Lernintentionen: a. Die Schüler lernen ein wichtiges Fest der Moslems kennen.
b. Sie sollen einige Unterschiede zum christlichen Weihnachtsfest formulieren.

1. Der Lehrer liest die Geschichte "Das Beiramfest" (bis S. 230, 1. Abschnitt) vor.	Lehrerdarbietung	M 2: "Das Beiramfest"
2. Die Schüler äußern sich. Sie formulieren ihre Eindrücke und Fragen. Im Gespräch werden folgende Gesichtspunkte bedacht: Die Moslems freuen sich auf ihr Fest. Formen des Feierns.	gelenktes Unterrichtsgespräch	
3. Lehrer: Vergleicht das Beiramfest mit unserem Weihnachtsfest und schreibt die Antworten unter die entsprechenden Überschriften an der Tafel: *Das Beiramfest Das Weihnachtsfest*	gelenktes Unterrichtsgespräch Tafelanschrift	Tafel, Kreide
4. Die Schüler übertragen den Tafeltext in ihr Heft.	Einzelarbeit Schreiben	Religionsheft, Schreibzeug

Inhalt	Methode/ Unterrichtsform	Medien/Materialien

6. Stunde

Thema: Moslems und Christen leben in Deutschland zusammen.

Lernintention: Die Schüler sollen einige Grundkenntnisse über die Moslems formulieren können.

Inhalt	Methode/ Unterrichtsform	Medien/Materialien
1. Der Lehrer liest den letzten Abschnitt der Geschichte "Das Beiramfest" (S. 230) vor.	Lehrerdarbietung	M 2: "Das Beiramfest"
2. Die Schüler nehmen Stellung zum Ausgang der Geschichte. Sie suchen nach Gründen für das Verhalten der Vermieter. Sie versuchen, die Gedanken und Empfindungen der Türken zu formulieren. Die Schüler sammeln Argumente gegen die Hauswirtin. Der Lehrer notiert sie an der Tafel.	gelenktes Unterrichtsgespräch Tafelanschrift	Tafel, Kreide
3. Die Schüler bereiten in Gruppen zu vier bis sechs Schülern ein Rollenspiel vor, in dem die Gäste der schimpfenden Hauswirtin eine sachliche, aufklärende Erwiderung bieten.	Gruppenarbeit	
4. Die verschiedenen Gruppen spielen ihre Szene. Die übrigen Schüler nehmen Stellung dazu.	Rollenspiel	
▶ Das Gespräch wird auf Tonband aufgenommen. Die Schüler nehmen Stellung zu der Aufnahme.	Tonbandaufnahme	Tonbandgerät, Tonband, Mikrofon

D Medien

M 1

"Johannes"

von Gina Ruck-Pauquét, in: Dietrich Steinwede, Sabine Ruprecht (Hg.), Vorlesebuch Religion 3. Für Kinder von 5–12, Benziger Verlag, Zürich-Köln/Verlag Ernst Kaufmann, Lahr/Theologischer Verlag, Zürich/Vandenhoeck u. Ruprecht, Göttingen 1976, S. 367–371.
Der Maurerlehrling Johannes und der türkische Arbeiter Abdul arbeiten zusammen in derselben Baufirma. Sie werden Freunde. Eines Tages kommt es zu einem Zwischenfall, der ihre Freundschaft bedroht. Johannes teilt zum Frühstück seine fette Schweine-Mettwurst mit Abdul. Abdul ist Moslem und wirft die Wurst heimlich fort. Johannes findet sie und reagiert mit Unverständnis für diese Handlungsweise. Der Polier erkennt die Veränderung an Johannes und fragt ihn nach dem Grund. Dieser erzählt die Geschichte mit der Wurst. Der Polier hilft Johannes zu verstehen, daß Abdul aus religiösen Motiven handelte. Eine Zeit danach findet Johannes Abdul im Keller beim Gebet. Er akzeptiert schließlich das Anderssein und Andersglauben Abduls.

M 2

"Das Beiramfest"

von Udo Kelch, in: Dietrich Steinwede, Sabine Ruprecht (Hg.), Vorlesebuch Religion 2. Für Kinder von 5–12. Benziger Verlag, Zürich-Köln/Vandenhoeck u. Ruprecht, Göttingen/Theologischer Verlag, Zürich/Verlag Ernst Kaufmann, Lahr 1974, S. 228–230.
In einem Mietshaus wohnen deutsche und türkische Familien. Zwei davon kommen miteinander ins Gespräch und lernen auch religiöse Bräuche und die Sitten des anderen kennen. Die Türken erfahren vom christlichen Weihnachtsfest, die Deutschen vom islamischen Beiramfest. Im Rahmen des Beiramfestes kommt es zu einer gemeinsamen fröhlichen Feier. Sie wird jäh unterbrochen durch das Eingreifen der Hauswartsfrau, die von Ruhe und Ordnung und von Gesindel redet.

9 Viele Menschen beten

A Übersichtsplan

Thema	Inhalt in Stichworten	Verknüpfung zu anderen Themen
9.1 Manche Menschen beten	Bild eines betenden Menschen Erfahrungen der Schüler mit dem Beten Bitt- und Dankszenen und ihre inhaltlichen Aussagen	
9.2 Die Menschen beten zu Gott	Geschichte "Gott ist hier gewesen"	1.4 Abraham erreicht das versprochene Land 2.4 Gott bewahrt das Volk Israel vor den Ägyptern
9.3 Beten und Handeln gehören zusammen	Geschichte "Der alte Fischer" Problemlösungen der Bittgebetsituationen über das Gebet hinaus	
9.4 Viele Menschen beten auf ihre eigene Art	Bilder von Menschen in verschiedenen Gebetshaltungen Überschriften zu vorgegebenen Gebeten: Bitte, Fürbitte, Dank, Lob bzw. Anbetung Gottes	8.4 Die fünf "Pfeiler" des Islam 1.4 Abraham erreicht das versprochene Land
9.5 Wir erstellen eine Gebetsreihe für die Woche	Lied "Daß ich springen darf und mich freuen" Erstellen eines Gebetsfrieses: 1. Teil: Erarbeiten von Gebetstexten für jeden Wochentag in Gruppen	
9.6 wie 9.5	Lied "Daß ich springen darf und mich freuen" Erstellen eines Gebetsfrieses: 2. Teil: Malen eines Großbildes oder einer Bilderfolge zum Gebetstext Übertragen der erarbeiteten Texte auf das Bild Wandfries	

B Theologisch-didaktische Überlegungen

Zu allen Zeiten haben Menschen auf unterschiedliche Weise und aus je eigenen Motiven heraus gebetet. Sie haben ihre Sorgen und Probleme, Trauer und Freude, Bitte und Dank, Furcht und Geborgenheit, eigenes Vermögen oder Angewiesensein auf Hilfe in vielfältigen Formen artikuliert. All diese angedeuteten Situationen und Gegebenheiten des menschlichen Lebens zeugen davon, daß der Mensch nicht ständig aus sich selbst heraus zu leben vermag, sondern angewiesen ist auf personhafte Hilfe von außen. Die Geschichte des Gebetes zeugt vom Wissen und Glauben des Beters, einem formulierten und näher bezeichneten "Du" gegenüberzustehen und mit ihm in eine Beziehung zu treten, die sich verbal, gestisch, mimisch o.ä. ausdrückt.

Das Alte Testament enthält eine Vielzahl von Gebeten, die als Kaleidoskop von Gebetsmöglichkeiten gelten könnte. Das letztlich Besondere daran ist, daß die Differenziertheit und Vielfalt menschlicher Regungen in die Mensch–Gott-Beziehung mit eingeht. Der Bogen spannt sich von demütiger Anbetung bis hin zum Schmähen gegen Gott. Im Alten Testament sind es vor allem die Psalmen, die das ganze Spektrum von Gebetsformen und -inhalten spiegeln.

Im Neuen Testament erhält das Gebet durch das Reden und Handeln Jesu eine zentrale Bedeutung für den Glauben. Angesichts seines Lebens werden selbst seine Schüler verunsichert. Als gläubige Juden kennen sie das Gebet, und sie pflegen das Beten. Dennoch kommen sie mit der Bitte zu Jesus: Herr, lehre uns beten! Jesus antwortet ihnen im Vaterunser, das seitdem zur Richtschnur für christliches Beten wurde.

Im eröffnenden "Unser Vater" wird die Grundlage des Gott–Mensch-Verhältnisses formuliert. Gott wird wie ein Vater gesehen. Jesus zeigt besonders im Gleichnis vom "Verlorenen Sohn", wie die Vater–Kind-Beziehung gemeint ist. Gegen menschliches "Normalverhalten" nimmt der Vater seinen zurückkehrenden Sohn ohne "Verhör" nach dem Gewesenen auf und gibt ihm volle Sohnschaft – auch im juristischen Sinne. Die Eingangsformulierung "Unser Vater" ist personhaft. Christliches Gebet ist bei aller möglichen Variabilität der Sprachformen letztlich personhafte Rede. Damit ist noch keine definitive Aussage über die "Gestalt" des Gegenüber gemacht. Hier muß sorgfältig gefragt werden. Die ganze hier angesprochene Problematik wird in einem Text des Ev. Erwachsenenkatechismus angerührt. Er soll als längeres Zitat eingebracht werden, da er zur Klärung wesentlich beiträgt: "Gott als 'Du' anzureden, bereitet nicht wenigen Menschen Schwierigkeiten. Sie möchten zwar annehmen, daß die Welt einen Grund und Sinn hat, aber sie können sich Gott nicht als ein persönliches Gegenüber vorstellen. Viele Kritiker des Christentums halten den persönlichen Gott für ein ins Unermeßliche gesteigertes Vaterbild; im Gebet sehen sie nur eine Spiegelung des eigenen Ich mit seinen Wünschen und Hoffnungen. Diese Kritik wird auch unter Christen laut. Manche Theologen meinen, wir müßten heute die Vorstellung eines persönlichen Gottes aufgeben. Das Gebet sei ein Bedenken des Lebens, nicht eine Anrede an Gott. Die Form der Anrede sei zwar möglich, man müsse sie aber innerhalb des Gebetes durchbrechen. Gott redet durch Begegnungen mit Menschen und durch Ereignisse des Lebens mit uns. Insofern ist es schon eine Art Gebet, wenn einer diese Begegnungen und Ereignisse überdenkt. Aber hier erhebt sich die Frage: Führe ich bei solchem Bedenken des Lebens ein Selbstgespräch, oder habe ich ein Gegenüber? Der christliche Glaube lebt von der Überzeugung, daß Gott zwar in unsere menschliche Wirklichkeit eingeht, daß er aber darin nicht aufgeht. Er redet wohl durch Ereignisse mit uns, er ist aber mit ihnen nicht gleichzusetzen. *Er bleibt ein Gegenüber des Menschen."*[1] Hier wird deutlich, daß die Frage des Gebetes wesentlich verbunden ist mit der Gottesfrage. Hier befindet man sich im Zentrum von Glauben und Theologie. Daß daher in ersten Überlegungen im Hinblick auf unterrichtliche Praxis nur einige Gedanken angedeutet werden können, ist fast selbstverständlich. Dennoch muß eine vorläufige und auch unabgesicherte Ein- und Ausgrenzung des Themas vorgenommen werden.

Es ist keinesfalls selbstverständlich, daß das Thema "Beten" für den Unterricht der Primarstufe bedacht wird. Im Lehrplan für den Evangelischen Religionsunterricht in der Primarstufe von Nordrhein-Westfalen z.B. kommt dieses Thema vom ersten bis zum vierten Schuljahr als eigener Lehrgang nicht vor. Auch in Schulbüchern ist es nicht überall aufgenommen. Die Gründe dafür sind nicht ohne weiteres erkennbar. Ist das Thema "Beten" etwa aspekthaft im christlichen Religionsunterricht immer mit vorhanden? Oder scheut man sich, dieses "heiße Eisen" aufzugreifen, da es nicht in schulische Verhältnisse gehöre? Beten berührt immer zugleich affektive Bereiche menschlichen Lebens, die sich letztlich rationaler Kontrolle entziehen. Hat die Diskussion der letzten Jahre über die Stellung und den Stellenwert des Religionsunterrichts in der öffentlichen Schule dazu beigetragen, dieses Thema an den Rand zu drängen? Welche Gründe auch vorliegen mögen, der Tatbestand ist zu bedauern.

Für einen christlichen Religionsunterricht ist das Thema "Beten" wesentlich. Glaube und Beten sind nicht zu trennen. Eine Krise des Betens ist zugleich immer auch eine Krise des Glaubens. Glaube soll nicht vermittelt, er darf aber auch nicht verhindert werden. Selbst die Darstellung des Glaubens im phänomenologischen Sinne verlangt das Thema "Beten" als konstitutives Element. Die kon-

---

[1] *Evangelischer Erwachsenenkatechismus. "Kursbuch des Glaubens", Gütersloh 1975, S. 1 250. Die Rede vom "persönlichen Gott" verstärkt anthropomorphe Vorstellungen eines göttlichen Gegenüber. Paul Tillich weist auf diese Schwierigkeit hin. Besser sollte man von der Personhaftigkeit Gottes sprechen: "Hieraus ergibt sich die Lösung der Schwierigkeiten, die im Wort 'persönlicher Gott' enthalten sind. 'Persönlicher Gott' bedeutet nicht, daß Gott eine Person ist. Es bedeutet, daß Gott der Grund alles Personhaften ist und in sich die ontologische Macht des Personhaften trägt. Er ist nicht eine Person, aber er ist auch nicht weniger als eine Person." (Paul Tillich, Systematische Theologie, Bd. 1, Stuttgart³ 1956, S. 283)*

krete Frage nach dem "Wo" (Altersstufe) und "Wie" muß jedoch klar gestellt werden.
Für ein drittes Schuljahr scheint ein erstes Reflektieren dieses Themas angemessen zu sein. Die Schüler werden im Kindergottesdienst, zu Hause oder auf andere Weise mit Formen des Betens berührt. Einzelne Phänomene sind ihnen nicht fremd. Von ihrer geistigen und psychologischen Entwicklung her sind sie soweit, daß sie auch Phänomene ein Stück weit zu reflektieren vermögen.
Beten zeigt sich schon äußerlich verschiedenartig: Man betet allein oder in Gruppen, bei Tisch, abends im Bett, im Gottesdienst, mit gefalteten oder verschränkten Händen, mit offenen oder geschlossenen Augen, stehend, kniend, sitzend... Auch die Anlässe sind verschieden, ebenso die Motive wie danken, bitten, fürbitten, loben, anbeten... All dies ist sichtbar oder hörbar und für Schüler eines dritten Schuljahres in Ansätzen verstehbar. Es kann ja nur erstes, schrittweises Verstehen geben. Wie viele andere Themen gehört auch Beten in den Kanon der Existenz-Themen, die immer wiederkehren müssen. Wird dies erkannt, läßt es sich im Anspruchs- und Verstehensgrad so ausformulieren, daß die jeweilige Ziel- und Altersgruppe adäquat erreicht wird. Beten gehört zudem in den Komplex des Glaubenslebens anderer Religionen. Das Gebet hat da jeweils seine eigenen Ausdrucksformen.
Christliches Beten reiht sich ein in die Kette der überlieferten Zeugnisse. Sie enthalten Zuspruch, Verheißung und Anspruch Gottes. Im Beten werden sie immer wieder aufgenommen und übernommen, aber auch auf ihre Bedeutung für den jeweiligen Beter hin befragt. Zu allen Zeiten wurden die Zeugnisse bewußt gemacht und neu formuliert. Konkret finden sie sich im Wort der Bibel und als Wirkungen dieses Wortes in der Geschichte der christlichen Gemeinde.
Bei der Konkretisierung dieses Entwurfs wird der Religionsunterricht als konfessioneller, christlicher Unterricht im Fächerkanon der öffentlichen Schule gesehen. Er ist Fach unter Fächern; er ist aber auch so selbstbewußt zu erteilen, daß spezifische Inhalte und Zielvorstellungen angemessen zur Sprache kommen. Dazu gehört das Gebet. Dazu gehört das Reden über das Gebet und das Beten selbst. Rationale und affektiv-emotionale Komponenten sind hier letztlich nicht trennbar. Warum sollten Christen in einem christlichen Religionsunterricht im Rahmen des Themas Gebet kein Gebet formulieren und beten? Warum sollten keine Lieder gesungen werden, die zugleich auch Gebete sind? Damit erfolgt noch kein Zugriff der Kirche auf die Schule, nicht Religionsunterricht als verlängerter Arm der Kirche. Hier geht es lediglich um die angemessenen Fachinhalte und ihre sachgemäße didaktische Aufbereitung.
Bei der Planung dieses Entwurfs wurde der Schwerpunkt auf Gebetsphänomene und -motive gelegt. Das Fragen nach dem Stellenwert innerhalb des christlichen Glaubenslebens und der Bedeutung des Jesus-Gebetes, des Vaterunsers, verlangt eine weitergehende Abstraktions- und Erkenntnisfähigkeit der Schüler; das muß thematisiert und dem vierten Schuljahr vorbehalten werden.
Die Möglichkeit, die Vorschläge der 6. Stunde zu realisieren und die selbstgeform-

ten Gebete als Basis für die Tagesgebete zu wählen, richtet sich an Lehrer, die in der Schule beten oder im Schulgebet einen Sinn sehen. Die Frage des "ob" muß redlich in der jeweiligen Schule und Klasse geklärt werden. Generell läßt sie sich nicht lösen. Ob am Morgen zu Beginn des Unterrichts gebetet werden kann, hängt von der Zusammensetzung der Klasse und der Einstellung des jeweiligen Lehrers ab. Ist der Religionslehrer in der 1. Stunde als Klassen- oder sonstiger Fachlehrer tätig, ist das Problem leichter lösbar, als wenn irgendein Kollege gegen seine Überzeugung beten sollte. Die im Religionsunterricht formulierten Gebete bleiben möglicherweise als Ergebnisse eines Prozesses des Nachdenkens in der Klasse hängen. Vielleicht helfen sie zum Nach-Denken des Sinns des Betens und wirken einfach in das Leben der Schüler hinein. Hier beginnt der Bereich, der sich dem Zugriff entzieht. Mehr kann der Lehrer und mehr sollte er auch nicht tun. Wirkungen im Glaubensbereich gehen ihre eigenen, unverfügbaren Bahnen.

Entwurfsziel

Die Schüler erkennen, daß Menschen beten.
Die Schüler sollen den Sinn des Betens erkennen. Über Gebete anderer Menschen, deren Gebetshaltung und -motive sollen sie zu eigenen Gebetsformulierungen kommen. Dadurch kann ihre Beziehung zum Beten bewußt und vertieft werden.

C Unterrichtsverlauf

1. Stunde

Thema: Manche Menschen beten.

Lernintentionen: a. Den Schülern soll bewußt werden, daß manche Menschen beten.
b. Sie sollen von ihren eigenen Gebetserfahrungen erzählen.
c. Sie sollen in ersten Ansätzen verschiedene Gebetsanlässe erkennen.

Inhalt	Methode/ Unterrichtsform	Medien/Materialien*
1. Der Lehrer zeigt den Schülern ein Bild mit betenden Kindern. Die Schüler äußern sich. Sie vermuten, warum die dargestellten Personen beten, bzw. was sie sagen oder denken.	gelenktes Unterrichtsgespräch	Dia Nr. 8 am Schluß dieses Buches (vgl. S. 159)
2. Lehrer: Habt ihr auch schon einmal gebetet? Die Schüler erzählen von verschiedenen Gebetssituationen aus ihrem Erfahrungsbereich.	gelenktes Unterrichtsgespräch	
Evtl.: Der Lehrer schreibt die Gebetsanlässe der Schüler in Stichworten an die Tafel.	Tafelanschrift	Tafel, Kreide
3. Die Schüler erhalten ein Arbeitsblatt, auf dem jeweils untereinander drei Gebetssituationen dargestellt sind, die Bitte oder Dank ausdrücken. Die Schüler schreiben unter die Bilder in kurzen Sätzen oder Begriffen deren Aussage.	Einzelarbeit Schreiben	Arbeitsblatt 26/27 Schreibzeug
4. Einige Schüler lesen ihre Ergebnisse vor. Sie werden im Klassengespräch kurz diskutiert.	Schülerberichte gelenktes Unterrichtsgespräch	Schülerarbeiten
5. Lehrer: Klebt das Arbeitsblatt zu Hause in euer Religionsheft.	Hausaufgabe	

* *Die genauen Angaben zu den in dieser Rubrik abgekürzt aufgeführten Büchern und Medien finden sich im Literaturverzeichnis S. 153.*

Inhalt	Methode/ Unterrichtsform	Medien/Materialien

2. Stunde

Thema: Die Menschen beten zu Gott.

Lernintentionen: a. Die Schüler sollen erkennen, daß sich die menschlichen Gebete an Gott richten.
b. Sie sollen an einer Geschichte einige Gebetsmotive und kritische Fragen dazu kennenlernen.

1. Der Lehrer liest die Geschichte "Gott ist hiergewesen" von Renate Schupp vor. Die Schüler äußern sich.	Lehrerdarbietung	M 1: "Gott ist hiergewesen"
2. Im Gespräch werden folgende Punkte besonders berührt: – die trostlose Situation Martins – die Hoffnung auf Gebetserhörung – die Motive zum Beten – die Art der Gottesbeziehung (kindlich offen, fast heiter, freundschaftlich...) – das Gespräch zwischen Vater und Sohn über das Gottesbild – das Nachdenken von Jörg und Martin über eigene Lösungsversuche – der Schlußgedanke: Hilfe Gottes auf nicht erwartete Weise	gelenktes Unterrichtsgespräch	

3. Stunde

Thema: Beten und Handeln gehören zusammen.

Lernintentionen: a. Die Schüler sollen erkennen, daß Beten auch in den Bereich des Fragwürdigen geraten kann.
b. Sie sollen ein vertieftes Verständnis für die Beziehung von Beten und Handeln gewinnen.

1. Der Lehrer erzählt die kurze Geschichte "Der alte Fischer" von Leo Tolstoi. Die Schüler äußern sich frei zu der Geschichte.	Lehrerdarbietung freies Unterrichtsgespräch	M 2: "Der alte Fischer"

Inhalt	Methode/ Unterrichtsform	Medien/Materialien
2. Im Klassengespräch wird schließlich, auch im Rückbezug auf die Geschichte der letzten Stunde, festgestellt, daß Beten und eigenes Handeln eine Einheit bilden.	gelenktes Unterrichtsgespräch	
3. Der Lehrer gibt den Schülern die Szene einer Bittgebetssituation auf einem Arbeitsblatt (aus dem Arbeitsblatt 26/27 herauskopieren durch Abdecken). Hierbei können alle drei Bilder zum Tragen kommen, wenn je ein Drittel der Klasse ein Bild erarbeitet. In Partnerarbeit überlegen die Schüler verschiedene Problemlösungen, die außer dem Gebet möglich sein könnten. Sie schreiben die verschiedenen Gedanken in Stichworten oder kurzen Sätzen auf das Arbeitsblatt.	Partnerarbeit	Arbeitsblatt 26/27
4. Die Schüler berichten von ihren Lösungen. (Die Ausgangssituationen sind allen Schülern bekannt, da jeder in der ersten Stunde alle drei Bilder zusammen auf einem Arbeitsblatt vorliegen hatte.) Die Ergebnisse der Schüler werden im Klassengespräch erörtert.	Schülerberichte gelenktes Unterrichtsgespräch	Schülerarbeiten
5. In einem kleinen Abschlußgespräch wird das Ergebnis an der Tafel formuliert: *Beten und Handeln gehören zusammen.* Der Lehrer schreibt den Satz an die Tafel. Die Schüler übertragen ihn als Überschrift auf ihr Arbeitsblatt.	gelenktes Unterrichtsgespräch Tafelanschrift Einzelarbeit Schreiben	Tafel, Kreide, Arbeitsblatt 26/27, Schreibzeug
6. Lehrer: Klebt das Arbeitsblatt zu Hause in euer Religionsheft.	Hausaufgabe	

4. Stunde

Thema: Viele Menschen beten auf ihre eigene Art.

Lernintentionen: a. Die Schüler sollen erkennen, daß viele Menschen in verschiedenen Ländern und Religionen auf der Welt beten.
b. Sie sollen unterschiedliche Gebetshaltungen kennenlernen.
c. Sie sollen über unterschiedliche Gebetsmotive nachdenken und ihren Sinn verstehen.

Inhalt	Methode/ Unterrichtsform	Medien/Materialien
1. Der Lehrer zeigt den Schülern einige Bilder mit Menschen in verschiedenen Gebetshaltungen. Die Schüler nehmen dazu Stellung.	Lehrerdarbietung gelenktes Unterrichtsgespräch	Dias Nr. 3, 8 am Schluß dieses Buches M 3: "Alter und Krankheit" Bilder 14, 19, 76 aus "Islam", Ev. Zentralbildkammer, Bielefeld (Moslems beim Gebet)

Hinweis: Hier wäre es sinnvoll, auch bereits auf die Bedeutung von Gebetshaltungen hinzuweisen. Sie sagen etwas aus über die innere Einstellung des Beters zu Gott und z.T. über die Art des Gebetes.

2. Die Schüler erhalten ein Arbeitsblatt mit kurzen vorformulierten Gebeten. Sie deuten verschiedene Arten der Grundinhalte an: Bitte, Fürbitte, Dank, Lob bzw. Anbetung Gottes. Die Schüler erarbeiten in Partnerarbeit möglichst kurze Überschriften. Sie schreiben sie farbig über die Gebetstexte.	Partnerarbeit	Arbeitsblatt 25: Wir beten Farbstift
3. Die Schüler lesen ihre Arbeitsergebnisse vor. Über die vierte Art zu beten, wird im Klassengespräch noch einmal besonders gesprochen. Es gibt Gebete, deren "Absicht" nicht auf den Menschen bezogen ist. Sie wollen Gott einfach loben und anbeten.	Schülerberichte gelenktes Unterrichtsgespräch	Schülertexte
4. Lehrer: Klebt die Arbeitsblätter zu Hause in euer Religionsheft.	Hausaufgabe	

9

5. Stunde

Thema: Wir erstellen eine Gebetsreihe für die Woche.

Lernintentionen: a. Die Schüler sollen erfahren, daß Singen und Beten identisch sein können.
b. Sie sollen selbst Gebete für eine Woche schreiben.
c. Sie sollen noch einmal einige unterschiedliche Gebetsmotive vertiefen.

Inhalt	Methode/ Unterrichtsform	Medien/Materialien
1. Die Schüler lernen die erste Strophe des Liedes "Daß ich springen darf und mich freuen". Sie erhalten den gesamten Liedtext auf einem Blatt. Im Gespräch wird herausgestellt, daß Lieder auch Gebete sein können und umgekehrt.	Liederarbeitung gemeinsames Singen	"111 Kinderlieder" Nr. 108 ▶ Lied "Ich freue mich und springe" aus "Spielbuch Religion" Nr. 7
2. Die Schüler kleben das Blatt mit dem Liedtext in ihr Religionsheft.	Kleben	Religionsheft, Klebstoff
3. Lehrer: Wir wollen einmal gemeinsam einen Gebetsfries für eine ganze Schulwoche erstellen. Er soll in der Klasse aufgehängt werden und für jeden Tag ein kurzes Gebet mit einem dazugehörigen Bild enthalten. Jede Gruppe wählt eine andere Gebetsart. Schaut euch in dem Vorbereitungsgespräch eurer Gruppe noch einmal das Arbeitsblatt (25) aus der letzten Stunde an! In einem ersten Schritt sollte der Text des Gebetes entstehen. Schreibt ihn euch vorerst auf einen Zettel! In einem klärenden Vorgespräch wird das Vorhaben in allen Detailphasen bedacht. Gemeinsam werden für die Gruppe der Tag und die Art des Gebetes festgelegt.	gelenktes Unterrichtsgespräch Gruppenarbeit	Heft, Schreibzeug
4. Die Schüler lesen kurz ihre Gebete vor.	Schülerberichte	Schülertexte

Inhalt	Methode/ Unterrichtsform	Medien/Materialien

6. Stunde

Thema: wie 5. Stunde

Lernintentionen: a. Die Schüler sollen ihre Gebetstexte in einem Gemeinschaftsbild vertiefen.
b. Sie sollen einen Gebetsfries mit ihren Texten und Bildern erstellen.
c. Sie sollen in Ansätzen durch das Erstellen eigener Gebete zu einem vertieften Gebetsverständnis kommen.

1. Singen des Liedes "Daß ich springen darf und mich freuen".	gemeinsames Singen	"111 Kinderlieder" Nr. 108 ▶ "Spielbuch Religion" Nr. 7
2. Die gleichen Gruppen der letzten Stunde malen *ein* großes Bild oder eine Bilderfolge als Gemeinschaftsarbeit auf ein großes Stück Tapete. Wie die Aufgabe im einzelnen gelöst wird, muß in der Gruppe diskutiert werden. Unter dem Bild muß Platz für das Gebet bleiben.	Gruppenarbeit Malen	Tapete, Farbstifte
3. Lehrer: Ein Schüler jeder Gruppe schreibt den Gebetstext in großer Schrift unter das Bild auf die Tapete.	Gruppenarbeit Schreiben	
4. Jede Gruppe hängt ihr Gebet an die Wandleiste oder klebt es mit Klebstreifen an die Wand. So entsteht ein Gebetsfries.	Gemeinschaftsarbeit	Schülerarbeiten, Wandfries

Hinweis: In Klassen, wo zu Beginn des Unterrichts oder der Religionsstunde gebetet wird, kann das selbstformulierte Gebet für jeden Tag eine Zeitlang als Hilfe dienen. Die Schüler werden auf diese Weise eine vertiefte Beziehung zum Beten in der Schule, vielleicht auch generell, erfahren.

5. Die Klasse schaut sich in Ruhe den Gebetsfries an. Dazu stehen die Schüler auf und gehen am Fries entlang.	gemeinsames Schauen	Gebetsfries

D Medien

M 1

"Gott ist hiergewesen"

von Renate Schupp, in: Dietrich Steinwede, Sabine Ruprecht (Hg.), Vorlesebuch Religion 3. Für Kinder von 5–12. Benziger Verlag, Zürich-Köln/Theologischer Verlag, Zürich/Vandenhoeck u. Ruprecht, Göttingen/Verlag Ernst Kaufmann, Lahr 1976, S. 340–350.
Martin ist sein geliebtes Fahrrad gestohlen worden. Er ist untröstlich. Sein Freund Jörg meint, beten sei die letzte Möglichkeit, das Rad wiederzubekommen. Martin ist enttäuscht, daß alles Beten nicht hilft. Er unterhält sich mit seinem Vater über die Beziehung des Menschen zu Gott. Der Vater bemüht sich, allzu magische Gottesbilder aus der Vorstellung Martins zu beseitigen. Doch es fällt dem Jungen schwer. Er sieht auch in diesen Fragen letztlich nur die Problematik seines Fahrrades. Schließlich kommt die Lösung aus einer ganz anderen, unerwarteten Richtung. Der Freund Jörg leiht Martin sein Rad. Martin ist glücklich. Er fragt den Vater: "Glaubst du, Gott ist hiergewesen?" Die Gottesfrage erhält eine andere, neue Dimension.

M 2

"Der alte Fischer"

Fischer waren draußen beim Fang mit ihrem Boot. Da kam ein Sturm auf. Sie fürchteten sich so sehr, daß sie die Ruder wegwarfen und den Himmel anflehten, sie zu retten. Aber das Boot wurde immer weiter weggetrieben vom Ufer. Da sagte ein alter Fischer: "Was haben wir auch die Ruder weggeworfen! Zu Gott beten und zum Ufer rudern – nur dies beides zusammen kann da helfen."
Leo Tolstoi

M 3

"Alter und Krankheit"

Bild 6 aus: Alter und Krankheit. Ein Wendepunkt. Diameditation 4, Impuls-Studio, München (8 Farbdias, 1 Textheft).
Das Dia zeigt die verschränkten Hände einer alten Frau als Bildausschnitt.

10 Große Männer Israels – Gideon, Saul, Amos

A Übersichtsplan

Thema	Inhalt in Stichworten	Verknüpfung zu anderen Themen
10.1 Die israelitischen Nomadenstämme werden seßhaft	Lebensbedingungen von Nomaden mit Bildern Lebensbedingungen von seßhaften Bauern mit Bildern Lehrererzählung zur Seßhaftwerdung der israelitischen Stämme Malen einer Szene aus dem Leben von Nomaden	1.1 Abraham lebte in Haran 2.5 Das Volk Israel zweifelt an Gott
10.2 Gideon rettet das Volk Israel mit Gottes Hilfe	Geschichte "Gideon" Gott besiegt durch Gideon die Midianiter Erarbeitung eines Rollenspiels: Die Sieger erzählen den Zurückgebliebenen Rollenspiele	
10.3 Saul wird der erste König Israels	Geschichte "Gott und König. Saul, der erste König in Israel" Malen einer Bilderfolge zur Geschichte	
10.4 König Saul	Fortsetzung der Geschichte "Gott und König. Saul, der erste König in Israel" Schreiben von Überschriften zu einer Bilderfolge nach der Geschichte	
10.5 Amos hört und erlebt die Mißstände in Israel	Geschichte "Amos" Erarbeitung von Rollenspielen zu der Begegnung zwischen Amos und den Trägern vor Bildads Haus Rollenspiele	7.1–7.6 Es gibt viele arme Menschen auf der Welt (Thema des 7. Entwurfs)
10.6 Amos klagt die Israeliten an	Fortsetzung der Geschichte "Amos" Sachtext zur Anklage von Amos	7.1–7.6 Es gibt viele arme Menschen auf der Welt (Thema des 7. Entwurfs)

B Theologisch-didaktische Überlegungen

Lehrpläne und Schulbücher für den Religionsunterricht der Primarstufe zeigen besondere Zurückhaltung bei Themenfeldern der Landnahme-, Königs- und Prophetenzeit. Will man die Schüler fernhalten von den zahlreichen Darstellungen kriegerischer Auseinandersetzungen in der Zeit der Richter und Könige? Das Phänomen "Heiliger Krieg" in Israel ist in der alttestamentlichen Wissenschaft klar herausgearbeitet und geschichtlich wie theologisch verstehbar zu machen. Tragen die teilweise vielschichtigen, ausschmückenden Erzählungen zu wenig aus für theologische und kerygmatische Kernfragen, z.b. für das Gottesverständnis heutiger Menschen? Ist das Phänomen israelitischer Prophetie zu eigenwillig und schwer verständlich, als daß es von Schülern der Primarstufe erfaßt werden könnte? In diese Richtungen mögen die Fragen formuliert sein. Dennoch schien den Verfassern das Wagnis wert zu sein, in einem kurzen Entwurf drei Zeitabschnitte der Geschichte Israels beispielhaft zu berühren. Daß dieses Unterfangen nicht unproblematisch ist, liegt auf der Hand. Dennoch scheint es Ansatzmöglichkeiten zu geben.

Wie bei allen biblischen Erzählungen für die Primarstufe geht es auch hier um möglichst konkrete und anschauliche Inhalte. Theologische Verdichtungen in den biblischen Texten müssen aufgelöst werden in Handlungsfelder und Zeitabläufe. Verbale Konzentration theologischer Grundprobleme bedeutete in allen Inhaltsbereichen eine Überforderung von Primarstufenschülern. Abstraktes Denkvermögen differenziert sich erst allmählich und sollte nur behutsam vorausgesetzt werden.

Es zeigt sich gerade bei der Vermittlung alttestamentlicher Inhalte, daß Personen als Handlungsträger (ob als historische oder scheinbar historische Gestalt) für Primarstufenschüler sinnvolle Kristallisationspunkte für theologische Grundfragen darstellen. Das Leben und Handeln von Personen, ihr Verhalten im Leben und ihr Verhältnis zu Gott in ganz konkreten Lebensvollzügen bieten Verstehenshilfen und Identifizierungsmöglichkeiten. Damit verbunden ist tiefere Einsicht in theologische Grundphänomene wie Vertrauen zu Gott, Anbetung, Abfall von Gott und seine Konsequenzen....

Den Schülern sind in der Regel die israelitischen Männer Abraham, Josef, Mose bekannt. Einige kennen auch den König David. Nur wenige haben wahrscheinlich ausführlich von Saul gehört. Mit Gestalten der Richter- und Prophetenzeit sind sie möglicherweise noch nie in Berührung gekommen. Ausnahmen sind gelegentlich dann gegeben, wenn die Weihnachtsgeschichte des Lukas auf der Basis israelitischer Messiashoffnung entwickelt wird. Dann wird Jesaja genannt. Dabei geht es jedoch meist um die Verheißungen und nicht um die Gestalt Jesajas.

Für eine Reihe von Problemen der Verzahnung von historischen Geschehnissen und Geschichtsdeutungen als Glaubenszeugnisse scheint ein möglichst großer

Überblick über die Geschichte Israels von großem Wert zu sein. Wer die verschiedenen Geschichtswerke voneinander abzuheben versteht, wer die Propheten einordnen kann, dem gehen theologische Sichtweisen ganzer alttestamentlicher Bücher strukturell auf.
Fatal scheint das unbekümmerte Vermischen von alt- und neutestamentlichen Gedanken. Wie sollen z.b. alttestamentliche Probleme in ihrem Eigenwert erkannt werden, wenn sie aus der Sicht des Neuen Testamentes betrachtet werden? Dies ist etwa der Fall, wenn Abraham zu schnell zum "Vater des Glaubens" und David zum Verheißungsträger für Jesus wird.
So früh wie möglich sollte versucht werden, Kindern der Primarstufe weite Teile der Geschichte Israels überblickartig darzubieten, damit sie irgendwann "epochensicher" werden. Selbst in studentischen Seminaren hat es sich immer wieder als eklatanter Mangel erwiesen, wenn die verschiedenen Ebenen von Historie und Zeugnis nicht klar unterschieden wurden. Die Königserzählungen etwa stammen nicht aus der Blütezeit Israels, sondern aus dem Babylonischen Exil und spiegeln eine bestimmte Sichtweise des Phänomens "Königtum" und der Bewertung des Verhältnisses Israel–Gott. Wer das weiß, vermag auch die Auseinandersetzungen um das Königtum im Richterbuch und in den Texten der beiden Samuelbücher zu verstehen und theologisch einzuordnen.
Daß bei der konkreten Stoffauswahl für die Primarstufe noch größere Sorgfalt als anderswo geboten ist, versteht sich für den Didaktiker eigentlich von selbst. Das Wagnis ist den Verfassern bewußt. Die Diskussion praktischer Erfahrungen wird erweisen, ob die Planungen in dieser Weise sinnvoll waren.
Bei der Gestalt des *Gideon* wurde auf den Text der "Neuen Schulbibel" Bezug genommen. Er berücksichtigt die komplizierten Quellenprobleme von Richter 6–8 nur gelegentlich. Vor allem spart er den Zwiespalt zwischen Königsangebot und Absage und Errichten eines Götterstandbildes in Ofra aus. Das scheint für die Primarstufe auch legitim. Es geht primär um das Phänomen des Retters aus der Zeit des sakralen Stämmebundes, der Zeit unmittelbar nach der Landnahme der Stämme Israels und der Königszeit. Wenn der Erzählung der Vorwurf gemacht wird, der Versuch, eine gefällige, spannende Geschichte glätte die Probleme zu stark, dann muß dies gehört werden. Didaktisch kann dieser Versuch dennoch vertreten werden, weil der wichtigste Zug der Gideonerzählungen bedacht ist: Gottes Königtum und Rettung. Die Probleme um das Königtum werden schließlich bei der Person Sauls wieder auftreten und hier bedacht.
Wegen der problemhaften und zeitlichen Nähe zur Richterzeit wurde hier der Übergang zum Königtum in der Person *Sauls* gewählt. Außerdem ist David wahrscheinlich bekannter und steht in der Gefahr, nur in seinem Glanz gezeigt zu werden. Als Darbietungsbasis wurde die gute Erzählung von Ruth und Otto Wullschleger genommen. Ihre Einleitung ist mitzubedenken, der sich die Verfasser weitgehend anschließen. Dort werden auch die Probleme der verschiedenen Quellen berührt.
Es gibt bestimmte Situationen, die den Vorrang didaktischer vor historischen

Argumenten rechtfertigen. So wird das etwas verwirrende Hin und Her der Königsproklamation und seiner Salbung bei Wullschleger reduziert auf das Verhältnis Saul–Samuel und das Verhalten Samuels zu der Königsproklamation. Samuel äußert sich nicht und geht fort. Die fehlende explizite Zustimmung Samuels zum Königtum Sauls verunsichert Saul sein Leben lang. Daß Saul gegen den eigentlichen Willen Samuels König wurde, obwohl er ihn schließlich salbte, ist auch die Tendenz der biblischen Texte.

Befindet man sich bei den Richter- und Königstexten noch im Rahmen von biblischen Erzählstrukturen, so erhalten theologische Verdichtungen und weniger Handlungen bei den Propheten einen größeren Stellenwert. Dennoch scheint gerade die Gestalt des *Amos* ein geeigneter Ansatz für die erste Begegnung mit dem Prophetentum. Amos war der erste Prophet (in der historischen Abfolge), der sich für soziale Probleme kritisch engagierte und seine Bedenken besonders hinsichtlich des Kultes formulierte. Diese Gedanken sollen herausgelöst werden. Sie werden vermutlich von den Schülern der Primarstufe gut verstanden, da sie mit ähnlichen Fragen in zahlreichen Problemfeldern des Religionsunterrichts und anderer schulischer Fächer in Berührung kommen. Werner Laubis' Geschichte "Amos" bildet eine gute Basis für die Vermittlung des Lehrers.

Im Mittelpunkt aller Stunden stehen Personen, die deswegen als "groß" tituliert werden können, weil sie in bedeutenden Phasen der Geschichte Israels exemplarisch für das Volk gehandelt haben. Sie haben auch innerhalb der biblischen Zeugnisse eine exponierte Stellung. Deswegen sind sie auch in die Reihe von Abraham, Isaak, Jakob, Josef, Mose zu stellen. Von ihnen führen schließlich Wege zu Jesus und zum Gottesverständnis der neutestamentlichen Gemeinde.

Entwurfsziel

Die Schüler sollen die drei Männer Gideon, Saul und Amos kennenlernen und ihre jeweilige Funktion im Volke Israel verstehen.

C Unterrichtsverlauf

1. Stunde

Thema: Die israelitischen Nomadenstämme werden seßhaft.

Lernintention: Die Schüler sollen die wesentlichen Unterschiede zwischen dem Leben von Nomaden und seßhaften Bauern kennen.

Inhalt	Methode/ Unterrichtsform	Medien/Materialien*
1. Der Lehrer zeigt den Schülern Bilder von den Lebensbedingungen der Nomaden (Wüste, Steppe, Zelt, Vieh...). Die Schüler erzählen davon.	Lehrerdarbietung gelenktes Unterrichtsgespräch	Bilder 18, 2, 3, 4 aus "Neue Schulbibel-Diaserie"
2. Der Lehrer zeigt Bilder von seßhaften Bauern. Die Schüler erzählen davon und erarbeiten den Unterschied vom Leben der Nomaden (seßhaft, Hausbau, Feldwirtschaft...).	Lehrerdarbietung gelenktes Unterrichtsgespräch	Bilder 78, 79, 80 aus "Neue Schulbibel-Diaserie"
3. Der Lehrer erzählt zusammenhängend, daß die Israeliten einmal Nomaden waren und schließlich seßhaft wurden. (Orientierung für die Erzählung des Lehrers kann der Text "Die Israeliten werden seßhaft" aus "Neue Schulbibel" sein.)	Lehrererzählung	"Die Israeliten werden seßhaft" in: "Neue Schulbibel" S. 51f
4. Lehrer: Malt ein Bild, das vom Nomadenleben erzählt.	Einzelarbeit Malen	Religionsheft, Farbstifte
5. Einige Bilder werden vorgestellt und kurz diskutiert.	gelenktes Unterrichtsgespräch	Schülerarbeiten
6. Lehrer: Malt ein Bild vom Leben seßhafter Bauern!	Hausaufgabe	

Die genauen Angaben zu den in dieser Rubrik abgekürzt aufgeführten Büchern und Medien finden sich im Literaturverzeichnis S. 153.

Inhalt	Methode/ Unterrichtsform	Medien/Materialien

2. Stunde

Thema: Gideon rettet das seßhaft gewordene Volk Israel mit Gottes Hilfe.
Lernintentionen: a. Die Schüler sollen Gideon kennenlernen.
b. Sie sollen die besondere Führungsfunktion Gideons verstehen. Er wurde zum "Werkzeug" Gottes. Eigentlicher Retter war Gott.

Inhalt	Methode/ Unterrichtsform	Medien/Materialien
1. Die Schüler vergleichen die verschiedenen bildlichen Gestaltungen vom Nomadenleben und den Lebensverhältnissen seßhafter Bauern aus der letzten Stunde mit der Hausaufgabe. Dann werden einige gelungene Schülerarbeiten an der Wandleiste oder einer Wäscheleine aufgehängt.	gelenktes Unterrichtsgespräch	Schülerarbeiten, evtl. Wäscheleine, Wäscheklammern
2. Lehrer: In den ersten Jahren nach der Nomadenzeit lebten die israelitischen Stämme noch für sich. Es gab keinen Führer oder König, der alle Stämme zu einem Volk zusammengeführt hatte. So wurden die Bauern immer wieder von kriegerischen Wüstenstämmen überfallen. Sie ernteten die reifen Felder ab und stahlen das Vieh. Die bedrohten Stämme riefen zu Gott um Hilfe und baten die Nachbarstämme um Unterstützung gegen die Feinde. Obwohl sie immer wieder von Gott abfielen und zu den Göttern der einheimischen Bevölkerung beteten, schickte Gott ihnen einen Retter. Der Lehrer liest die Geschichte "Gideon" vor.	Lehrerdarbietung	"Gideon" in: "Neue Schulbibel" S. 52–55
3. Die Schüler äußern sich und erzählen die Geschichte nach. Der Lehrer schreibt einige Namen an die Tafel. Gott hat die Feinde besiegt; Gideon und seine Leute waren nur Handlungsträger der Taten Gottes.	gelenktes Unterrichtsgespräch Tafelanschrift	Tafel, Kreide
4. Lehrer: Überlegt einmal in Gruppen, was wohl die Männer um Gideon den Zurückgebliebenen, den Frauen, Kindern, Alten und nach Hause geschickten Soldaten bei der Heimkehr von dem Sieg über die Midianiter erzählt haben.	Gruppenarbeit	
5. Einige Gruppen stellen ihre Ergebnisse vor. Dabei ist die übrige Klasse das zurückgebliebene Volk, das Rückfragen an die Krieger stellt.	Rollenspiel	

Inhalt	Methode/ Unterrichtsform	Medien/Materialien

3. Stunde

Thema: Saul wird der erste König Israels.

Lernintentionen: a. Die Schüler sollen Saul kennenlernen.
b. Sie sollen wissen, daß Saul der erste König in Israel war.
c. In Aufsätzen sollen sie den Konflikt zwischen dem Verständnis des Königtums Gottes und des Königtums Sauls sehen.

1. Der Lehrer liest oder erzählt die Geschichte "Saul, der erste König in Israel".	Lehrerdarbietung	M 1: "Gott und König. Saul, der erste König in Israel"
2. Die Schüler äußern sich und erzählen die Geschichte nach. Der Lehrer schreibt einige Namen und Ortsbezeichnungen an die Tafel. Die Geschichte wird erarbeitet.	freie Schüleräußerungen gelenktes Unterrichtsgespräch	Tafel, Kreide
3. Die Schüler erhalten ein Arbeitsblatt. Lehrer: Malt in die freien Kästchen fünf kleine Ausschnitte der Geschichte. Neben jedem Kästchen findet ihr das Thema für euer Bild. Ihr dürft Sprech- und Denkblasen wie in Comic-Heftchen verwenden. Die einzelnen Szenen werden in einem kurzen Gespräch vorgedacht.	Einzelarbeit Malen	Arbeitsblatt 28/29 Farbstifte – Saul arbeitet auf dem Feld – Jonatan meldet Krieg – Saul wird Führer der überfallenen Stämme – Saul besiegt die Ammoniter – Saul wird König von Israel
4. Einige Arbeiten werden am Ende der Stunde vor der Klasse dargestellt und kurz diskutiert.	gelenktes Unterrichtsgespräch	Schülerarbeiten
5. Lehrer: Malt euer Bild zu Hause zu Ende und klebt das Arbeitsblatt in euer Religionsheft.	Hausaufgabe	

Inhalt	Methode/ Unterrichtsform	Medien/Materialien

4. Stunde

Thema: König Saul.

Lernintentionen: a. Die Schüler erfahren nähere Einzelheiten über die Errichtung des Königtums.
b. Sie sollen das Verhältnis zwischen dem "König" Saul und dem "Propheten" Samuel reflektieren.

1. Die Schüler erzählen noch einmal die Geschichte von Saul.	Schülererzählung	M 1: "Gott und König. Saul, der erste König in Israel"
2. Der Lehrer liest oder erzählt die Geschichte weiter. Die Schüler äußern sich. Die Gehalte der Geschichte werden im Gespräch erarbeitet.	Lehrerdarbietung gelenktes Unterrichtsgespräch	
3. Die Schüler erhalten ein Arbeitsblatt mit Bildszenen aus dem zweiten Teil der Geschichte. Sie erzählen sie noch einmal anhand der Bilder Schließlich erhalten sie die Aufgabe, unter die Bilder prägnante Sätze im Sinne von Überschriften zu schreiben.	Schülererzählungen Einzelarbeit Schreiben	Arbeitsblatt 30/31 Schreibzeug
4. Einige Arbeiten werden vorgelesen und kurz bedacht.	gelenktes Unter-	Schülerarbeiten
5. Lehrer: Klebt das Arbeitsblatt zu Hause in euer Religionsheft.	Hausaufgabe	

5. Stunde

Thema: Amos hört und erlebt die Mißstände in Israel.

Lernintentionen: a. Die Schüler sollen Amos kennenlernen.
b. Sie sollen erfahren, daß er die sozialen Mißstände in Israel aufspürt.
c. Sie sollen Änderungsmöglichkeiten der Verhältnisse bedenken.

1. Der Lehrer liest oder erzählt die Geschichte "Amos" von Werner Laubi.	Lehrerdarbietung	M 2: "Amos"

Inhalt	Methode/ Unterrichtsform	Medien/Materialien
2. Die Schüler äußern sich und erzählen sie nach. Im Gespräch werden folgende Aspekte besonders berücksichtigt: – In Israel gibt es Arme und Reiche, Bettler, Bauern und Kaufleute. – Die Kaufleute betrügen die Bauern um ihren Verdienst. Sie leben im Überfluß. – Die Armen wissen nicht, wovon sie jeden Tag leben sollen.	freie Schüleräußerungen gelenktes Unterrichtsgespräch	
3. Die Schüler bereiten Rollenspielszenen vor. Einige spielen die Begegnung zwischen Amos, der als Besucher in die Stadt Samaria kommt, und den Trägern vor Bildads Haus. Er staunt über die Paläste und Gärten. Einige Schüler spielen die Begegnung zwischen Amos und den Bewohnern der Elendsquartiere. Die Armen betteln Amos an und klagen ihm ihr Leid.	Gruppenarbeit	
4. Die Schüler spielen. Das Dargestellte wird kurz diskutiert.	Rollenspiel	

6. Stunde

Thema: Amos klagt die Israeliten an.

Lernintention: Die Schüler erkennen den Konflikt zwischen dem Priester am Staatsheiligtum und dem unabhängigen Propheten Amos.

1. Der Lehrer liest den zweiten Teil der Geschichte "Amos" vor.	Lehrerdarbietung	M 2: "Amos"
2. Die Schüler nehmen Stellung zu der Geschichte. Im Gespräch werden die Mißstände in Israel genannt und die Strafpredigten von Amos bedacht.	freie Schüleräußerungen gelenktes Unterrichtsgespräch	
3. Die Schüler erhalten ein Arbeitsblatt mit einem Sachtext und Arbeitsaufgaben.	Einzelarbeit Schreiben	Arbeitsblatt 32: Amos klagt die Israeliten an
4. Einige Schüler lesen ihre Arbeitsergebnisse.	Schülerberichte	Schülerarbeiten
5. Lehrer: Klebt das Arbeitsblatt zu Hause in euer Religionsheft.	Hausaufgabe	

D Medien

M 1

"Gott und König. Saul, der erste König in Israel"

von Ruth und Otto Wullschleger, in: W. Neidhart, H. Eggenberger (Hg.), Erzählbuch zur Bibel, Zürich-Köln/Lahr ²1976, S. 294–330; hier 296–309 (in der 3. Stunde) und 309–314 (in der 4. Stunde).
Die hier ausgewählten Teile der Geschichte von Ruth und Otto Wullschleger enthalten:
Erzählentwürfe zur Überlieferung von Saul und David:
a. Saul als charismatischer Führer im Kampf gegen die Ammoniter.
b. Das Siegesfest am Gilgal ist Anlaß, die alten Überlieferungen zu erzählen. Der Wunsch nach einem König wird laut. Saul wird zum König ausgerufen. Samuel verläßt grußlos das Fest (3. Stunde).
c. Sauls Weg von Gilgal nach Gibea. Seine Herrschaft sichert den Frieden. David wird Waffenträger und erfolgreicher Hauptmann Sauls (4. Stunde).

M 2

"Amos"

von Werner Laubi, in: W. Neidhart, H. Eggenberger (Hg.), Erzählbuch zur Bibel, Zürich-Köln/Lahr ²1976, S. 192–200; hier 192–196 (in der 5. Stunde) und 196–200 (in der 6. Stunde).
Ein Kaufmann erzählt von den Mißständen in Israel, als er in Juda Schafwolle einkauft. Amos besucht daraufhin das Nordreich und sieht in Visionen das drohende Gericht. Ein prächtiges Tempelfest im Staatsheiligtum Bethel wird durch das Auftreten des Amos unangenehm gestört. Amos muß das Land verlassen.

Bücher und Materialien für Schüler und Lehrer im dritten Schuljahr

1. Bibel, Sachbuch

Neue Schulbibel, Benziger/Herder/Kaufmann/Kösel, ²1976 (Abkürzung: "Neue Schulbibel")

Pokrandt, Anneliese (Text)/*Herrmann, Reinhard* (Graphik), Elementarbibel, Teil 1, Geschichten von Abraham, Isaak und Jakob, Verlag E. Kaufmann, Lahr/Kösel-Verlag, München 1973

Pokrandt, Anneliese, Hinweise zum Verständnis der Texte und Bilder, Verlag E. Kaufmann, Lahr/Kösel-Verlag, München 1974

Pokrandt, Anneliese (Text)/*Herrmann, Reinhard* (Graphik), Elementarbibel, Teil 2, Geschichten von Mose und Josua, Verlag E. Kaufmann, Lahr/Kösel-Verlag, München 1974

Pokrandt, Anneliese, Hinweise zum Verständnis der Texte und Bilder, Verlag E. Kaufmann, Lahr/Kösel-Verlag, München 1975

Pokrandt, Anneliese (Text)/*Herrmann, Reinhard* (Graphik), Elementarbibel, Teil 3, Geschichten von Königen in Israel, Verlag E. Kaufmann, Lahr/Kösel-Verlag, München 1975

Pokrandt, Anneliese, Hinweise zum Verständnis der Texte und Bilder (in Vorbereitung)

Steinwede, Dietrich, Von der Schöpfung. Ein Sachbilderbuch für Kinder, Verlag E. Kaufmann, Lahr/Patmos-Verlag, Düsseldorf ⁴1975

Steinwede, Dietrich, Weihnachten mit Lukas. Ein Sachbilderbuch zur Bibel, Verlag E. Kaufmann, Lahr/Patmos-Verlag, Düsseldorf ²1975

Steinwede, Dietrich, Paulus aus Tarsus. Ein Sachbilderbuch zur Bibel, Verlag E. Kaufmann, Lahr/Patmos-Verlag, Düsseldorf 1975

Steinwede, Dietrich, Jesus aus Nazareth. Ein Sachbilderbuch zur Bibel, Verlag E. Kaufmann, Lahr/Patmos-Verlag, Düsseldorf ⁵1976

Steinwede, Dietrich, Von Gott. Ein Sachbilderbuch zur Bibel, Verlag E. Kaufmann, Lahr/Patmos-Verlag, Düsseldorf ³1976

Steinwede, Dietrich, Ostern. Ein Sachbilderbuch zur Bibel, Verlag E. Kaufmann, Lahr/Patmos-Verlag, Düsseldorf 1977

Weber, Günther, Grundschulbibel. Zu den Religionsbüchern "Wie wir Menschen leben", Verlag Herder, Freiburg i. Br. 1975

2. Schulbuch

Baldermann, Ingo/Steinwede, Dietrich u.a. (Hrsg.), Arbeitsbuch: Religion 3/4, August Bagel Verlag, Düsseldorf 1975 (Abkürzung: "Arbeitsbuch Religion 3/4")

Baldermann, Ingo/Kittel, Gisela, Arbeitsheft 1: Biblischer Teil, Arbeitsbuch: Religion 3/4, August Bagel Verlag, Düsseldorf 1975

Steinwede, Dietrich, Arbeitsheft 2: Problemorientierter Teil, Arbeitsbuch: Religion 3/4, August Bagel Verlag, Düsseldorf 1975

Baltz, Ursula/Buschbeck, Bernhard u.a., Kinder fragen nach dem Leben. Religionsbuch 3./4. Schuljahr, Hirschgraben-Verlag, Frankfurt/M. 1976

Bochinger, Erich/Hiller, Gotthilf Gerhard u.a., Schalom. Ein Arbeitsbuch für den Religionsunterricht im 3. und 4. Schuljahr, Verlag Moritz Diesterweg, Frankfurt 1973

Bochinger, Erich/Hiller, Gotthilf Gerhard u.a., Schalom. Lehrerhandbuch zum Arbeitsbuch für den Religionsunterricht im 3. und 4. Schuljahr, Verlag Moritz Diesterweg, Frankfurt 1973

Burk, Karlheinz/Eggers, Theodor u.a., Exodus. Religionsunterricht im 3. Schuljahr. Unterrichtswerk für den katholischen Religionsunterricht in der Grundschule, Kösel-Verlag, München/Patmos-Verlag, Düsseldorf 1974

Eggers, Theodor/Miller, Gabriele, Exodus. Religionsunterricht im 3. Schuljahr. Lehrerkommentar, Kösel-Verlag, München/Patmos-Verlag, Düsseldorf 1974

Finger, Kurt, Religionsbuch 3, Verlag Ludwig Auer, Donauwörth [3]1975

Grewel, Hans/Hartmann, Walter u.a. (Hrsg.), Aufbruch zum Frieden. Religionsbuch für das 3. und 4. Schuljahr, W. Crüwell Verlag, Dortmund 1974

Grewel, Hans/Hartmann, Walter u.a. (Hrsg.), Lehrerheft. Didaktischer Kommentar. Aufbruch zum Frieden. 3. und 4. Schuljahr, W. Crüwell Verlag, Dortmund 1974

Grosch, Heinz/Jaeschke, Ursula u.a., Religion: Bilder + Wörter. Ein Unterrichtswerk für Evangelische Religion. Band 2 für Klasse 3 und 4 der Primarstufe, Pro Schule Verlag, Düsseldorf/ Gütersloher Verlagshaus Gerd Mohn, Gütersloh 1974

Grosch, Heinz/Jaeschke, Ursula u.a., Religion: Bilder + Wörter. Ein Unterrichtswerk für Evangelische Religion. Band 2 für Klasse 3 und 4 der Primarstufe, Lehrerhandbuch, Pro Schule Verlag, Düsseldorf/Gütersloher Verlagshaus Gerd Mohn, Gütersloh 1974

Weber, Günther, Wie wir Menschen leben. 3. Ein Religionsbuch für die Grundschule, Verlag Herder KG, Freiburg i. Br. 1972

Haefner, Josef/Schnegg, Matthias, Einführung und Unterrichtshilfen zu Wie wir Menschen leben. Religionsunterricht im 3. Schuljahr, Teil I und II, Verlag Herder KG, Freiburg i. Br. 1974 (Teil I), 1976 (Teil II)

3. Beten, Singen, Spielen, Malen, Werken

Bernhauser, Johannes/Stockheim, Karl-Heinz, Kinder erleben die Dritte Welt, Materialien für Kindergarten und Grundschule, Misereor 6, herausgegeben vom Bischöflichen Hilfswerk MISEREOR, Aachen 1977

Block, Detlev, Gut, daß du da bist. Gebete für Kinder (Bilder von Hilde Heyduck-Huth), Verlag E. Kaufmann, Lahr/Benziger Verlag, Zürich-Köln 1974

Block, Detlev, Meinem Gott gehört die Welt. Gebete für kleine und größere Kinder. Eine Sammlung. Benjamin Taschenbuch 1, Agentur des Rauhen Hauses, Hamburg 1975

Klein, Marita/Miebach, Werner u.a., Leben unterm Tisch. Mal-, Spiel- und Diskutierbuch für Kinder 1, Burckhardthaus-Verlag, Gelnhausen/Christophorus-Verlag, Freiburg i. Br. 1976

Klein, Marita/Miebach, Werner u.a., Tips für Gruppenleiter 1, zu "Leben unterm Tisch". Mal-, Spiel- und Diskutierbuch für Kinder 1, Burckhardthaus-Verlag, Gelnhausen/Christophorus-Verlag, Freiburg i. Br. 1976

Klein, Marita/Miebach, Werner u.a., Mit und ohne Sonne. Mal-, Spiel- und Diskutierbuch 2, Burckhardthaus-Verlag, Gelnhausen/Christophorus-Verlag, Freiburg i. Br. 1977

Klein, Marita/Miebach, Werner u.a., Tips für Gruppenleiter 2, zu "Mit und ohne Sonne". Mal-, Spiel- und Diskutierbuch 2, Burckhardthaus-Verlag, Gelnhausen/Christophorus-Verlag, Freiburg i. Br. 1977

Konrad, Johann Friedrich, Kalina und Kilian. Problemorientierter Religionsunterricht mit Handpuppen für Kindergarten und Grundschule, Gütersloher Taschenbücher 97, Gütersloher Verlagshaus Gerd Mohn, Gütersloh 1975

Krenzer, Rolf/Lotz, Inge (Hrsg.), Hast Du unsern Hund gesehen. Neue Lieder für Drei- bis Achtjährige, Verlag E. Kaufmann, Lahr/Kösel-Verlag, München 1976

Melchers, Klaus/Engelsberger, Eugen (Hrsg.), Arbeitshefte für den Religionsunterricht in der Grundschule. Heft 3: Was Gott zusagt, hält er gewiß. Arbeitsheft für das 3. und 4. Schuljahr mit Bildern zum Einkleben, Verlag E. Kaufmann, Lahr [3]1975

Longardt, Wolfgang, Spielbuch Religion. Für den Umgang mit 5–12jährigen Kindern, Benziger Verlag, Zürich-Köln/Verlag E. Kaufmann, Lahr 1974 (Abkürzung: "Spielbuch Religion")

Longardt, Wolfgang, Ostern entdecken. Eine Spiel- und Arbeitsmappe für Kindergarten, Grundschule, Kindergottesdienst. Dias, Poster, Schallplatte, Lieder, Spiel- und Bastelvorschläge, Christophorus-Verlag, Freiburg i. Br./Verlag E. Kaufmann, Lahr 1977

Rost, Dietmar/Machalke, Joseph, Du bist bei mir. Kinder beten und fragen, Gütersloher Verlagshaus Gerd Mohn, Gütersloh 1974

Schaaf, Karlheinz/Seifriz, Erno, Wir sagen euch an eine fröhliche Zeit. Ein Weihnachtsbuch zum Vorlesen, Singen und Spielen. Vom ersten Advent bis zum Dreikönigstag, Otto Maier Verlag, Ravensburg ^{3}1972

Schneider, Martin-Gotthard (Hrsg.), Sieben Leben möcht ich haben. Neue Lieder für Schule, Gemeinde und Familie, Christophorus-Verlag, Freiburg i. Br./Verlag E. Kaufmann, Lahr 1975 (Abkürzung: "Sieben Leben")

Schneider, Martin-Gotthard/Deßecker, Klaus (Hrsg.), Arbeitsbuch zu "Sieben Leben möcht ich haben", Christophorus-Verlag, Freiburg i. Br./Verlag E. Kaufmann, Lahr 1976

Schönfeldt, Sybil Gräfin, Das Bilderbuch für die Weihnachtszeit. Bilder, Geschichten, Legenden, Gedichte, Otto Maier Verlag, Ravensburg 1976

Watkinson, Gerd (Hrsg.), 111 Kinderlieder zur Bibel. Neue Lieder für Schule, Kirche und Haus, Verlag E. Kaufmann, Lahr/Christophorus-Verlag, Freiburg i.Br. ^{8}1974 (Abkürzung: "111 Kinderlieder")

Watkinson, Gerd (Hrsg.), 9 x 11 Kinderlieder zur Bibel. Lieder für Schule, Gottesdienst und Familie, Verlag E. Kaufmann, Lahr/Christophorus-Verlag, Freiburg i.Br. ^{4}1974 (Abkürzung: "9 x 11 neue Kinderlieder")

Watkinson, Gerd (Hrsg.), Musikantenspiele zur Bibel. Neue geistliche Kinderlieder mit Begleitung zum Singen und Spielen auf dem Orff'schen Instrumentarium, Verlag E. Kaufmann, Lahr/Christophorus-Verlag, Freiburg i. Br. ^{2}1974

Watkinson, Gerd (Hrsg.), Christujenna. Kinderlieder zu Advent und Weihnachten aus unserer Zeit, Verlag E. Kaufmann, Lahr/Christophorus-Verlag, Freiburg i. Br. 1974

4. Vorlesen, Erzählen

Krenzer Rolf/Pokrandt, Anneliese/Rogge, Richard (Hrsg.), Kurze Geschichten zum Vorlesen und Nacherzählen im Religionsunterricht, Verlag E. Kaufmann, Lahr/Kösel-Verlag, München 1975

Neidhart, Walter/Eggenberger, Hans (Hrsg.), Erzählbuch zur Bibel. Theorie und Beispiele, Benziger Verlag, Zürich-Köln/Verlag E. Kaufmann, Lahr/Theologischer Verlag, Zürich ²1976 (Abkürzung "Erzählbuch zur Bibel")

Steinwede, Dietrich, ... zu erzählen deine Herrlichkeit. Biblische Geschichten für Schule, Haus und Kindergottesdienst, Verlag Vandenhoeck & Ruprecht, Göttingen/Verlag J. Pfeiffer, München Neuauflage 1976

Steinwede, Dietrich/Ruprecht, Sabine (Hrsg.), Vorlesebuch Religion. Band 1 (⁷1974), Band 2 (⁵1975), Band 3 (¹1976), Kaufmann/Vandenhoeck/Benziger/TVZ (Abkürzung: "Vorlesebuch Religion")

Steinwede, Dietrich, Was ich gesehen habe. Thematische Bibelerzählungen für Kinder, Eltern und Lehrer, Vandenhoeck & Ruprecht, Göttingen/Verlag J. Pfeiffer, München 1976

5. Biblische Wandfriese, Dias, Flanellbilder, Schallplatten

Biblische Geschichten – Hörbilder für Kinder, z. Zt. 40 Hörspiele zu alt- und neutestamentlichen Themen, Verlag Junge Gemeinde E. Schwinghammer KG, Stuttgart

Biblische Wandfriese für Kinder: Jesus segnet die Kinder/Christi Geburt/Gleichnis vom verlorenen Schaf/Die drei Weisen aus dem Morgenland/Gleichnis vom verlorenen Sohn/Einzug in Jerusalem/Das Töchterlein des Jairus/David und Goliath/Die Berufung der ersten Jünger/Die Stillung des Sturms/Die Heilung des Blinden/Zachäus/Abrahams Berufung, Verlag E. Kaufmann, Lahr/Christophorus-Verlag, Freiburg i. Br.

de Kort, Kees, Biblische Palette (Dias). Was uns die Bibel erzählt – z. Zt. 21 alt- und neutestamentliche Reihen –, Württembergische Bibelanstalt, Stuttgart

Eggenberger, Hans (Hrsg.), Neue Schulbibel. Diaserie für den biblischen Unterricht, Benziger Verlag, Köln/u.a. (Abkürzung: "Neue Schulbibel-Diaserie")

Herrmann, Reinhard (Graphik), Flanellbilder zur Bibel – z. Zt. 41 alt- und neutestamentliche Themen –, Ausgabe für den evangelischen Religionsunterricht, Verlag E. Kaufmann, Lahr, Ausgabe für den katholischen Religionsunterricht, Christophorus-Verlag, Freiburg i. Br.

Then, Hermann/Junge, Thomas E., In Ängsten – und siehe wir leben. Diathek mit einem Arbeitsheft, Ton- und Bildstelle der EKHN, Frankfurt/M. 1975

Hinweise zu den acht Farbdias

Hier sind die beigelegten Farbdiapositive schwarz/weiß abgebildet. Es empfiehlt sich, die Dias bei Gebrauch sogleich zu rahmen und zu beschriften. Damit ersparen Sie sich aufwendige Sucharbeit.

Dia 1: Felger, Ruf Gottes
© Präsenz-Vlg
(zum Entwurf 1, S. 18)

Dia 2: Felger, Auszug
© Präsenz-Vlg
(zum Entwurf 1, S. 19)

Dia 3: Felger, Anbetung
© Präsenz-Vlg
(zum Entwurf 1, S. 19)

Dia 4: Nil in der Nähe von Assuan
© R. Veit, Schwerte
(zum Entwurf 2, S. 35)

Dia 5: Kinder im Schulgarten
© H. Winter, München
(zum Entwurf 7, S. 115)

Dia 6: Kind mit Medizinflaschen
© H. Winter, München
(zum Entwurf 7, S. 115)

Dia 7: Kind mit Tafel
© H. Winter, München
(zum Entwurf 7, S. 115)

Dia 8: Betendes Kind
© KEM, Basel
(zum Entwurf 9, S. 136)

32 Kopiervorlagen für Arbeitsblätter

Der Kauf des Buches berechtigt zum Vervielfältigen der 32 kopierfähigen Vorlagen für den schulischen Gebrauch.

Die Arbeitsblätter sind im Bund perforiert und können bei Bedarf leicht einzeln herausgetrennt werden.

Sie entsprechen ungefähr dem DIN-A5-Format; es können daher *zwei* Arbeitsblätter auf *ein* DIN-A4-Blatt vervielfältigt werden.

Wird kein Religionsheft verwendet, empfiehlt es sich, die Arbeitsblätter 8, 10, 11, 13, 18, 19, 21 jeweils *einzeln* auf *ein* DIN-A4-Blatt zu vervielfältigen und dabei die Vorlage so zu legen, daß der Schüler auf dem freien Platz des DIN-A4-Blattes entsprechend den jeweiligen Hinweisen im "Unterrichtsverlauf" weiterarbeiten kann.

Die Arbeitsblätter 2/3, 16/17 und 28/29 lassen sich zu *einem* durchgehenden Bild zusammenfügen.

Quellennachweis:

Nrn. 1, 2/, 8, 9, 10, 11, 13, 16/17, 18, 19, 22/23, 24, 26/27, 30/31: Käthi Fröhlicher, Bern.

Nrn. 5, 6, 7 aus: Arbeitsbuch: Religion 3/4, August Bagel Verlag Düsseldorf, 1975, S. 5 und 39.

Nr. 10 (unteres Bild): mit freundlicher Genehmigung der Niederländischen Bibelgesellschaft, Haarlem, nachgezeichnet nach: Kees de Kort, Bartimäus, Reihe: Was uns die Bibel erzählt, Württembergische Bibelanstalt, Stuttgart.

Nrn. 14/15 nach Ursula Wölfel, Die grauen und die grünen Felder, Anrich Verlag, Neunkirchen 1970, S. 7–10.

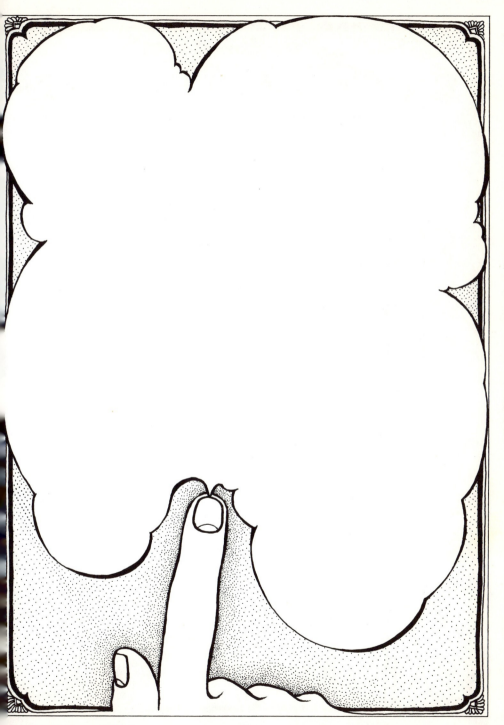

Abraham

*Setzt die unten angegebenen Wörter
an der richtigen Stelle ein!*

Nachdem sie losgezogen waren, gingen Abraham und seine Leute mit all dem Vieh lange durch die Wüste. Die Hirten murrten manchmal: "Der führt uns wohl auf einen _____!" Ein Mensch hielt ganz fest zu Abraham: _____. Wenn die Zelte aufgebaut waren und es _____ wurde, ging _____ ein wenig beiseite und grübelte. Er wußte noch nicht, daß Gott ihn nach _____ führen würde.

(Die Wörter: — Abraham — Sara — Irrweg — Kanaan — Abend —)

Schreibt die Wörter in der richtigen Reihenfolge auch hierher. Alle dick umrandeten Anfangsbuchstaben der Wörter ergeben von oben nach unten gelesen den Namen des Sohnes von Abraham.

Das Passafest

Der Vater:
"Das ist das Brot des Elends,
das unsere Väter in Ägypten gegessen haben.
Jeder, der hungrig ist, komme und esse!
Jeder, der arm ist, komme und halte Passa!
Dieses Jahr hier, nächstes Jahr im Land Israel!
Dieses Jahr Knechte, nächstes Jahr frei!"

Das Jüngste:
"Warum ist diese Nacht anders als alle anderen Nächte?
In allen anderen Nächten
können wir Gesäuertes und Ungesäuertes essen,
in dieser Nacht nur Ungesäuertes!
In allen anderen Nächten können wir viele Kräuter essen,
in dieser Nacht nur bittere Kräuter!
In allen anderen Nächten
können wir frei sitzen oder angelehnt,
in dieser Nacht sitzen wir alle angelehnt!"

Die anderen:
"Einst waren wir Sklaven des Pharao in Ägypten,
aber der Ewige, unser Gott, führte uns von da heraus
mit starker Hand und ausgestrecktem Arm.
Hätte der Heilige — er sei gelobt —,
unsere Väter nicht aus Ägypten geführt,
wir, unsere Kinder und Kindeskinder
hätten auf ewig in Ägypten Knechte bleiben müssen!

Wären wir auch alle weise, alle verständig,
alle in der Schrift erfahren,
so müßten wir trotzdem
vom Auszug aus Ägypten erzählen!"

Gebet des Volkes Israel
Psalm 80,5—8

Herr der Heerscharen,
wie lange noch raucht dein Zorn?
Wie lange noch schweigst du
zu den Hilferufen deines Volkes?

Du gabst uns Seufzerbrot zu essen.
Du tränktest uns mit einem Krug voll Tränen.
Du machtest uns zum Spott für unsre Nachbarn.
All unsre Feinde lachen über uns.

Herr der Heerscharen,
richte uns wieder auf!
Laß leuchten dein Angesicht,
so wird uns geholfen!

Der Retter kommt
Jesaia 9

Das Volk, das im Finstern wandert,
sieht ein großes Licht.

Über denen, die wohnen im finstern Land,
strahlt ein Licht auf.

Wir werden laut jubeln,
groß wird die Freude sein.

Denn uns wird ein Kind geboren,
ein Sohn wird uns gegeben,
und die Herrschaft kommt auf seine Schultern.

Groß wird seine Herrschaft sein,
und der Friede wird kein Ende haben.

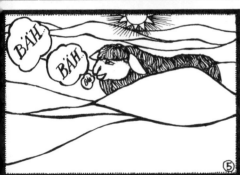

Zachäus im Zollhäuschen

Zachäus sitzt in einem Zollhäuschen in Jerusalem.
Er ist Oberzöllner und arbeitet für die Römer.
Diese haben das Land besetzt und werden von
den Juden gehaßt. Die Zöllner werden auch
gehaßt, weil sie im Dienste der Römer stehen.
Vor allem nehmen sie den Leuten zu viel Geld ab.
Sie haben keine festen Gebühren für die Waren.
Einmal kostet z. B. das Mitführen eines Sacks
Pfeffer 50.– DM, das andere Mal 80.– DM.
Die Leute sind jedesmal wütend. Aber sie müssen
zahlen. Sonst können sie die Zollstelle nicht
passieren.

Die anderen Kinder

Sprecher: Aber einmal wurde es Abend, und Karsten war noch nicht wieder da. Die Mädchen und drei von den großen Jungen suchten ihn. Zuletzt liefen sie zum Bahnweg.

1. Teichstraßenmädchen: Im Bahnweg wohnt doch ein Mann, der hat schon im Gefängnis gesessen!

2. Teichstraßenmädchen: Wenn der jetzt dem Karsten etwas getan hat?

1. Teichstraßenjunge: Und Zigeuner wohnen im Bahnweg.

2. Teichstraßenjunge: Manche Leute sagen, daß Zigeuner kleine Kinder stehlen!

3. Teichstraßenjunge: Ausländer gibt es auch dort, Türken. Man weiß nicht, was für Leute das sind.

1. Teichstraßenmädchen: Die reden ja nicht richtig deutsch!

Sprecher: Im Bahnweg saß der Zigeunermann auf der Bank vor seinem Haus und fütterte ein kleines Kind mit Brei.

Teichstraßenkinder: Haben Sie den kleinen Karsten hier gesehen?

Zigeunermann: Der ist mit meinem Tino weggegangen. Karsten und mein Tino sind gute Freunde.

Sprecher: Beim nächsten Haus war ein Gemüsegarten. Ein junges Mädchen machte Unkraut aus, und ein alter Mann stand auf einer Leiter und flickte etwas am Dach. Die Kinder blieben am Zaun stehen.

Bahnwegmädchen: Was wollt ihr denn hier? Gafft nicht so!

alter Mann: Freddi ist mit Karsten und dem Zigeunertino bei den Türken. Alle Kinder sind eingeladen. Beeilt euch, sie feiern ein türkisches Fest.

Bahnwegmädchen: Die sind doch aus der Teichstraße.

alter Mann: Macht das einen Unterschied?

1. Teichstraßenjunge: Das war der Mann, der im Gefängnis gesessen hat!

2. Teichstraßenjunge: Warum reden die Erwachsenen eigentlich immer so schlecht von den Bahnwegleuten?

Türkenfrau:	Herein, herein!
Türkenmann:	Viele Gäste, großes Fest!
Sprecher:	Der Mann zeigte auf eine lange Polsterbank mit bunten Decken und Kissen. Dort saßen schon sieben oder acht von den Bahnwegkindern. Auch Karsten saß dort.
2. Teichstraßenmädchen:	Komm sofort nach Hause!
Türkenfrau:	Setzen! Setzen!
Sprecher:	Die Bahnwegkinder rückten zusammen und sahen die Teichstraßenkinder an und grinsten.
Türkenmann:	Ihr habt Angst? Hier haben die Menschen Angst vor den Fremden. Warum?
Sprecher:	Da kamen sie herein und setzten sich. Die Frau brachte Gläser und Tassen mit süßem Tee, und die Teichstraßenkinder mußten türkisches Gebäck essen und türkischen Tee trinken, und die Bahnwegkinder sahen ihnen zu und grinsten immer noch. Keiner sagte ein Wort.
Türkenmann:	Stumme Kinder?
Sprecher:	Jetzt grinsten auch die aus der Teichstraße, aber sie wußten nicht, was sie sagen sollten. Sie waren verlegen, weil sie so unfreundlich von den Türken gesprochen hatten. Endlich hatten sie ihren Tee ausgetrunken. Sie bedankten sich bei der Frau.
Türkenmann:	Kommt wieder, wir freuen uns!
Sprecher:	Die Bahnwegkinder liefen ihnen nach.
Bahnwegkinder:	Kommt wieder, wir freuen uns auch! Dann schmeißen wir euch in die Kiesgrube, ihr armen Mamakinderchen! Ihr Schürzenbandlutscher.
Teichstraßenkinder:	Ja, morgen! Dann verhauen wir euch, ihr grinsenden Ohrwürmer!
Bahnwegkinder:	Ihr stinkenden Käsemaden!
Teichstraßenkinder:	Ihr Kaninchenfurzfänger!
Sprecher:	Und so fing ihre Freundschaft an.

Erfolgreiche Losaktion in der Grundschule:

Kinder verzichten sogar auf einen Teil des Taschengeldes

Rund 300 DM für hungernde Menschen gesammelt

Sagenhafter Trubel herrschte am Donnerstag in der großen Pause auf dem Schulhof der Grundschule im Stadtteil Deininghausen. Hunderte von Kindern stürmten einen auf dem überdachten Gang aufgebauten Stand, um ihre Lose gegen kleinere oder größere Gewinne einzutauschen.

Mit diesen Losen hat es eine besondere Bewandtnis. Kurz vor Weihnachten 1971 sprach die Klasse 4b unserer Grundschule mit Reinhard Veit im Religionsunterricht über den Hunger in der Welt.

Selbstgebastelt

Ein spontaner Vorschlag der Mädchen, den hungernden Kindern in der Welt zu helfen, wurde von Reinhard Veit sofort aufgegriffen und von der Klassenlehrerin Annelore Henschke unterstützt. Seither bastelten die Kinder für eine Losaktion, unterstützt von einigen Eltern und Firmen. Im Kunstunterricht angefertigte Plakate wiesen auf den großen Tag hin.
So wurden am Mittwoch und Donnerstag dieser Woche 900 Lose zum Preis von je 20 Pfennig in der Grundschule und der benachbarten Hauptschule verkauft. Donnerstag nun holten sich die Loskäufer ihre Gewinne (Regenmäntel, Puppen, Puppenkleider, Luftballons, Topflappen, Bücher, Spiele, Süßigkeiten) ab. Nieten gab es nicht.

Mit Begeisterung dabei

Zusammen mit einigen Geldspenden (ein Teil der Kinder hatte seit Januar auf 10 v.H. des Taschengeldes verzichtet) kamen rund 300 DM zusammen, die der Aktion "Brot für die Welt" überwiesen werden sollen. "Es hat sich gelohnt", meint Reinhard Veit zufrieden, zumal die Kinder mit Begeisterung dabei gewesen seien. Vo—

© Benziger/Kaufmann, Veit 3

Die Moslems

Die Moslems beten zu Allah. Sie sagen: Es gibt keinen Gott außer Allah, und Mohammed ist sein Prophet.
Mohammed lebte vor 1400 Jahren in der Stadt Mekka in Arabien.
Als er 40 Jahre alt war, hatte er ein Erlebnis. Es war in einer Höhle bei Mekka. Er hörte eine Stimme. Predige! sagte die Stimme: Du sollst predigen im Namen Allahs, der dich erschaffen hat. Und du sollst aufschreiben, was die Menschen vorher nicht wußten. Und da wußte Mohammed: Allah ist der einzige, der wahre Gott.
Und Mohammed ging hin nach Mekka und predigte und sagte alles weiter. Die Leute von Mekka aber glaubten ihm nicht. Da ging Mohammed in die Nachbarstadt Medina. Dort glaubten sie ihm. Und sie wurden seine Anhänger. Und sie sagten: Mohammed ist unser Prophet.
In Mekka war ein Heiligtum, ein riesiger würfelförmiger Stein. Der wurde später zum Heiligtum Allahs.

Moschee
Muezzin
Minarett
betender Moslem
Mekka mit Kaaba

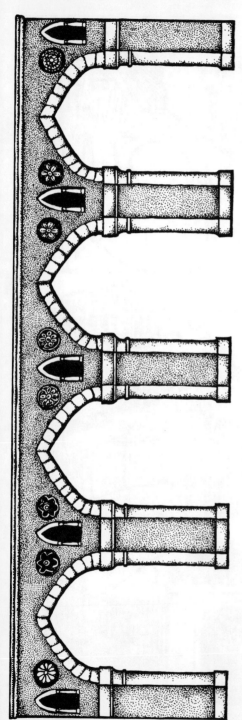

Die Moslems beten zu ihrem Gott Allah. Sie sagen: Er ist der einzige Gott, und Mohammed ist sein Prophet.

Der Muezzin ruft die Moslems zum Gebet in die Moschee. Dies geschieht fünfmal am Tage. Sie können aber auch fünfmal am Tage dort beten, wo sie sich gerade aufhalten.

Im Fastenmonat Ramadan dürfen die Moslems nur nachts essen und trinken. Am Tage müssen sie fasten.

Sie sollen den armen Menschen mit Spenden helfen.

Einmal im Leben soll jeder Moslem nach Mekka reisen.

Wir beten

Es hat lange nicht mehr geregnet. Die Felder vertrocknen. Wir müssen hungern. Lieber Gott, schick uns Regen!

Ich war schwer krank, mußte lange im Bett liegen und hatte Fieber. Nun bin ich wieder gesund. Lieber Gott, ich danke dir.

Mein Vater ist bei Regen und Sturm mit seinem Auto unterwegs. Lieber Gott, behüte ihn und laß ihn wieder gut zu Hause ankommen.

Lieber Gott, du hast die Sonne, die Wiesen und die Blumen gemacht. Viele schöne Dinge erfreuen mich. Dich will ich loben!

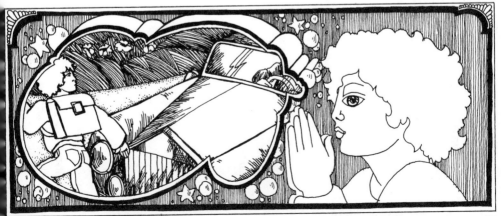

Saul arbeitet auf dem Feld.

Jonatan meldet Krieg.

Saul wird Führer der überfallenen Stämme.

© Benziger/Kaufmann, Veit 3

Saul besiegt die Ammoniter.

Saul wird König von Israel.

Amos klagt die Israeliten an

Ihr _____ auf Elfenbeinbetten.

Ihr _____ jeden Tag vom besten Fleisch.

Ihr _____ Wein aus kostbaren Schalen.

Ihr _____ euren Körper mit feinstem Öl.

(Die Wörter: — eßt — trinkt — salbt — schlaft —)

Aber: Auf euren Straßen und Plätzen liegen _____

_____ . Die _____

schreien nach Brot. Ihr unterdrückt die _____

Ihr bestecht die _____ .

(Die Wörter: — Kinder — Bettler — Richter — Armen —)

1. Aufgabe: Setzt in jeden Abschnitt die fehlenden Wörter ein.

2. Aufgabe: Schreibt auf, was sich im Volke Israel ändern muß.

_____

_____

_____